MARCELO UCHÔA

PANDEMIA À LUZ DA NEGAÇÃO DO DIREITO

O MORTICÍNIO NO BRASIL

KOTTER EDITORIAL

Coordenador Editorial
Sálvio Nienkötter

Editor Executivo
João Lucas Dusi

Editor Adjunto
Claudecir Rocha e Daniel Osiecki

Capa
Jussara Salazar

Projeto Gráfico
Andre Luiz C. Mendes

Produção
Cristiane Luiza Nienkötter

Dados Internacionais de Catalogação na Publicação (CIP)
Angélica Ilacqua – CRB-8/7057

Uchôa, Marcelo
A pandemia à luz da negação do Direito : o morticínio no Brasil / Marcelo Uchôa. — Curitiba : Kotter Editorial, 2023.
120p.

ISBN 978-65-5361-168-9

1. Direito à saúde – Brasil 2. COVID-19 (Doença) – Brasil – História 3. Brasil – Política e governo – História I. Título

23-1590 CDD 342.085

KOTTER EDITORIAL

Kotter Editorial
Rua das Cerejeiras, 194
82700-510 | Curitiba/PR
+55 41 3585-5161 | www.kotter.com.br | contato@kotter.com.br

1ª Edição | 2023

Prólogo

Conheci o dr. Marcelo Ribeiro Uchôa, professor de Direito Internacional Público em Fortaleza, quando se inscreveu na sexta edição do Programa de Pós-doutoramento em Direitos Humanos no Centro de Estudos Brasileiros da Universidade de Salamanca sob o título *De los Derechos Sociales a los Derechos Difusos* (PPDHDSDD), que aconteceu entre julho de 2021 e julho de 2022. Neste último mês li e ouvi, na qualidade de presidente do tribunal que julgou o trabalho de investigação do dr. Uchôa – orientado pelo professor e codiretor acadêmico do Programa, dr. Enrique Cabero Morán, e realizado no quadro acima mencionado –, a apresentação do seu trabalho de investigação pós-doutoral "Direito à saúde e pandemia de Covid-19 no Brasil" – que, corrigido e ampliado com aditamentos posteriores, com o objetivo de atualização, deu origem a este livro.

O leitor apreciará a orientação transdisciplinar desta obra, que caracteriza o programa de pós-doutoramento do qual emerge como um todo: de fato, podemos situar esta investigação tanto no campo jurídico, devido à atenção que presta ao direito humano e constitucional do "direito à saúde", como paradigma avaliativo da práxis, de acordo com a "abordagem dos direitos humanos", defendida pela equipe docente do Programa, mas também podemos situá-la no campo político e histórico (História do Presente) devido à atenção que presta aos acontecimentos conjunturais do país do autor, no momento doloroso da pandemia e das políticas de saúde pública díspares destinadas a enfrentá-la.

O investigador de Fortaleza deixa nesta obra a marca do seu próprio temperamento e personalidade, empenhado, apaixonado e crítico, que tive a oportunidade de ver cada vez que tive a oportunidade de o ouvir ou ler.

Este é um apelo necessário contra o negacionismo e seus congêneres, que subestimam o perigo da pandemia, enfraquecendo as medidas apropriadas. A persistência suicida dos movimentos antimáscaras e antivacinas, escandalosos também nos Estados Unidos sob Trump, e não ausente, embora quantitativamente menos importante e setorial, na Europa, é surpreendente, uma vez que já se sabia em 22 de junho que o Covid-19 havia matado 1,3 milhões de pessoas na Ásia, quase 2 milhões no continente europeu, e foi particularmente impiedoso na América Latina, com 2,7 milhões de mortes. Em agosto de 2022, o número de brasileiros que não haviam sobrevivido à doença era espantoso: 697.000!

A pandemia ainda não terminou, embora depois de exterminar os mais vulneráveis devido à idade, situação socioeconômica, falta de vacinas ou, em alguns casos, falta de apoio à vacinação por parte dos líderes políticos obrigados a promovê-la, o número de mortes tenha diminuído... não tanto que o Comitê de Emergência Covid-19 da OMS seja claro quanto a suspender ou manter o alerta internacional a este respeito.

É esta incerteza e a necessidade de continuar a pensar sobre como lidar com a realidade pandêmica, que poderia continuar a ser, por várias razões, "o nosso pão quotidiano", que mantém válido um trabalho como este.

Salamanca, 27 de janeiro de 2023

Mª. Esther Martínez Quinteiro,
Diretora Acadêmica do Programa de Pós-Doutoramento em Direitos Humanos do CEB/USAL (DSDD),
Professora de Direitos Humanos na FIURJ.

Apresentação

Este livro, ora oferecido ao público, foi objeto de estudos de pós-doutorado em programa de cooperação com a Fundação Geral da Universidade de Salamanca. O objetivo central ao empreender um trabalho acadêmico em meio às aflições decorrentes dos graves acontecimentos da pandemia de Coronavírus no Brasil foi o de denunciar ao mundo os horrendos delitos perpetrados no país, desde o princípio do drama em terras nacionais.

Contudo, como a análise estava inserida em uma reflexão de direitos humanos – mais precisamente direitos econômicos, sociais e culturais – seria natural que não se restringisse à denúncia dos fatos, mas que dialogasse com o Direito, destacadamente com questões jurídicas emergidas durante a angustiante via-crúcis atravessada pelo povo brasileiro em sua luta para sobreviver.

O escrito defendido no pós-doutorado é apresentado neste livro, com pequenas alterações, como parte 1. Analisa o período compreendido entre fevereiro de 2020 até maio de 2022, enquanto vigorou o estado de Emergência em Saúde Pública de Importância Nacional (ESPIN) em decorrência da Infecção pelo novo Coronavírus (2019-nCov), declarada pelo Ministério da Saúde do Brasil. A esta primeira parte acrescenta-se uma parte 2, posfácio, que não foi incluída na redação inicial por motivos de limitação da extensão textual do programa acadêmico. Além dos acréscimos, o posfácio atualiza o tema até 31 de dezembro de 2022. Depois das duas partes, expõem-se, juntas, as referências bibliográficas, mantendo-se as datas originais das pesquisas.

O trabalho, somado a um sem número de *lives*, entrevistas[1], artigos em jornais eletrônicos e impressos, capítulos de livros, seminários acadêmicos nacionais e internacionais, aulas e palestras, foi a forma como pude, da segurança do meu isolamento no lar, engrossar a fileira daqueles e daquelas que, como minha mulher, profissional da saúde básica do SUS, precisaram enfrentar a linha de frente todos os dias, testemunhando de perto o sofrimento da população mais carente, enquanto enfrentava a consternação pela partida precoce dos próprios colegas, sem ter sequer a oportunidade de absorver o luto.

Dedico a obra às quase 694 mil vítimas da Covid-19 no Brasil nestes últimos dois anos (do início de 2020 ao final de 2022), 400 mil que ainda estariam vivas se não fossem o descaso e o negacionismo que assistimos no país. Dedico-a, também, às famílias de cada vítima, em especial às milhares e milhares de crianças e adolescentes órfãos da tragédia, todos, ainda, em sofrimento. Por fim, dedico-a aos milhões de sobreviventes que, como eu, ainda lutam para

1 E aqui, agradeço muito especialmente à mídia progressista (Brasil 247, Brasil de Fato, DCM, Fórum, Rádio Brasil Atual, RBA Litoral, Rede TVT, TeleSUR, GGN, TV Atitude Popular, TVHBR, dentre tantos outros blogs e canais de youtube), por abrirem espaço para que a crítica acontecesse.

retomar a normalidade cotidiana, temerosos dos efeitos de uma enfermidade que impõe sequelas físicas e psicológicas desconhecidas.

Que jamais alguma outra nação tenha de sofrer o que brasileiras e brasileiros sofreram nestes últimos anos.

A parte 1, apresentada na Espanha com o título *Direito à saúde e pandemia de COVID-19 no Brasil*, serviu como requisito último para a obtenção de diploma de estudos de pós-doutorado no *Programa de Posdoctorado de Derechos Humanos: de los derechos sociales a los derechos difusos*, edição 2021-2022, oferecido por acordo de cooperação entre a Fundación General de la Universidad de Salamanca, o Centro de Estudios Brasileños e o Instituto Universitário do Rio de Janeiro, sob direção geral do professor doutor Ignácio Berdugo Gómez de la Torre e dos diretores acadêmicos professores doutores Enrique Cabero Morán e Maria Esther Martínez Quinteiro.

A orientação da pesquisa contou com a insigne colaboração do professor Enrique Cabero Morán, havendo a defesa sido realizada em 20 de julho de 2022 perante banca formada pela professora doutora Maria Esther Martínez Quinteiro, ilustríssima presidente daquele colegiado, que muito honrosamente também assina o prefácio desta obra, bem como pelos professores doutores Pedro Garrido Rodríguez e Cassius Guimarães Chai.

Fortaleza, 1º de janeiro de 2023

Sumário

PARTE 1
O trabalho de pós-doutorado

Introdução

A pandemia de Sars-Cov-2 (Covid-19) está aterrorizando o mundo. Boa parte das dezenas de milhões de pessoas infectadas vem sucumbindo à agressividade viral, em uma catástrofe que, quando não é fatal, pode deixar sequelas físicas e emocionais ainda nem bem compreendidas pela medicina e os diversos meios científicos.

No Brasil, país com cerca de 213.317.639 habitantes[2], até 22 de maio de 2022, data do fim da Emergência em Saúde Pública de Importância Nacional (ESPIN) causada pela pandemia, consoante portaria fixada pelo Ministério da Saúde[3], a tragédia já havia afetado 30.791.220 pessoas, pondo fim a 665.627 vidas[4,5]. Uma parte expressiva poderia ter sobrevivido se não fosse a indisposição do presidente Jair Messias Bolsonaro em enfrentar, consoante recomendado pelas mais distintas autoridades de saúde do país e do mundo, a crise sanitária.

2 IBGE, 2022.

3 Portaria GM/MS n. 913, de 22 de abril de 2022. O MINISTRO DE ESTADO DA SAÚDE, no uso das atribuições que lhe conferem os incisos I e II do parágrafo único do art. 87 da Constituição, e tendo em vista o disposto no Decreto nº 7.616, de 17 de novembro de 2011, resolve:
Art. 1º Fica declarado o encerramento da Emergência em Saúde Pública de Importância Nacional (ESPIN) em decorrência da Infecção Humana pelo novo Coronavírus (2019-nCov), de que tratava a Portaria GM/MS nº 188, de 3 de fevereiro de 2020. (...)
Art. 4º Esta Portaria entrará em vigor 30 (trinta) dias após a data de sua publicação.

4 CONASS, 22 mai. 2022.

5 Números que seguem aumentando.

Em dois anos, o Brasil sofreu quatro ondas virais, sendo exposto a cinco variantes do coronavírus (alfa, beta, gama, delta e ômicron)[6], pelo menos. Apesar dos atuais bons níveis de vacinação, o país ainda registra novos óbitos e os habitantes infectados sofrem com a permanência do que a medicina chama de Covid longa, isto é, sequelas do adoecimento ainda desafiadoras para a comunidade científica.

A reflexão sobre este drama dá corpo ao presente estudo, na esperança de que Brasil afora se faça conhecer as dores e angústias passadas no país no último biênio.

6 SUMMIT SAÚDE, 1 mai. 2022.

O direito à saúde: a orientação brasileira à luz das perspectivas internacional e doméstica

A saúde é um direito universal da pessoa humana. A Declaração dos Direitos Humanos de 1948 proclama esta previsão no art. 25.1[7], sendo a obrigatoriedade de viabilização de seu desfrute, no mais elevado nível, confirmada no *caput* do art. 12 do Pacto Internacional sobre Direitos Econômicos, Sociais e Culturais, cujo parágrafo 2.c[8] destaca, dentre as ações a serem tomadas pelos Estados Partes para tal fim, a prevenção e o tratamento das doenças endêmicas e epidêmicas, bem como a luta contra essas doenças.

7 DUDH. Art. 25. 1.Toda a pessoa tem direito a um nível de vida suficiente para lhe assegurar e à sua família a saúde e o bem-estar, principalmente quanto à alimentação, ao vestuário, ao alojamento, à assistência médica e ainda quanto aos serviços sociais necessários, e tem direito à segurança no desemprego, na doença (...)

8 PIDESC. Art. 12. Os Estados Partes do presente Pacto reconhecem o direito de toda pessoa de desfrutar o mais elevado nível possível de saúde física e mental.
2. As medidas que os Estados Partes do presente Pacto deverão adotar com o fim de assegurar o pleno exercício desse direito incluirão as medidas que se façam necessárias para assegurar:
a) A diminuição da mortinatalidade e da mortalidade infantil, bem como o desenvolvimento são das crianças;
b) A melhoria de todos os aspectos de higiene do trabalho e do meio ambiente;
c) A prevenção e o tratamento das doenças epidêmicas, endêmicas, profissionais e outras, bem como a luta contra essas doenças;
d) A criação de condições que assegurem a todos assistência médica e serviços médicos em caso de enfermidade.

No Brasil, o direito social à saúde é insofismável. Não apenas pela adesão estatal às normas internacionais sobre o tema, mas por decisão normativa doméstica, a partir do acolhimento no art. 6º, *caput*, da Constituição da República[9], estrategicamente inserido no Título II, Dos Direitos e Garantias Fundamentais. Ainda assim, a Constituição também reserva à saúde uma seção inteira no capítulo II do Título VIII, o qual trata Da Ordem Social, vide art. 196.[10]

Para dar cabo da obrigação de oferecimento universal da saúde, com gratuidade e qualidade, o Brasil possui o Sistema Único de Saúde (SUS), também previsto na Carta Magna (art. 198)[11] e regulado pela Lei n. 8.080, de 17 de setembro de 1990[12], com vaticínio de cooperação integrada, comunhão de esforços, repartição de compe-

---

9 CF/88. Art. 6º São direitos sociais a educação, a saúde, a alimentação, o trabalho, a moradia, o transporte, o lazer, a segurança, a previdência social, a proteção à maternidade e à infância, a assistência aos desamparados, na forma desta Constituição.

10 CF/88. Art. 196. A saúde é direito de todos e dever do Estado, garantido mediante políticas sociais e econômicas que visem à redução do risco de doença e de outros agravos e ao acesso universal e igualitário às ações e serviços para sua promoção, proteção e recuperação.

11 CF/88. Art. 198. As ações e serviços públicos de saúde integram uma rede regionalizada e hierarquizada e constituem um sistema único, organizado de acordo com as seguintes diretrizes: (Vide ADPF 672) (...)
§ 1º. O sistema único de saúde será financiado, nos termos do art. 195, com recursos do orçamento da seguridade social, da União, dos Estados, do Distrito Federal e dos Municípios, além de outras fontes. (Parágrafo único renumerado para § 1º pela Emenda Constitucional nº 29, de 2000)

12 Lei n. 8.080/90. Art. 2º A saúde é um direito fundamental do ser humano, devendo o Estado prover as condições indispensáveis ao seu pleno exercício.
§ 1º O dever do Estado de garantir a saúde consiste na formulação e execução de políticas econômicas e sociais que visem à redução de riscos de doenças e de outros agravos e no estabelecimento de condições que assegurem acesso universal e igualitário às ações e aos serviços para a sua promoção, proteção e recuperação.
§ 2º O dever do Estado não exclui o das pessoas, da família, das empresas e da sociedade. (...)

tências e fatiamento orçamentário entre União, Estados e Municípios e previsão expressa de vigilância sanitária e epidemiológica.[13,14]

Não é de impressionar que o Brasil normalize uma ampla rede de proteção à saúde, uma vez que, reconhecendo possuir como um de seus fundamentos a dignidade da pessoa humana[15], a nação se submete às prescrições internacionais sobre o tema, inclusive às do sistema regional de proteção dos direitos humanos, cuja espinha dorsal, o Pacto de São José da Costa Rica de 1969 (Convenção Americana sobre Direitos Humanos), também acolhe, no art. 26[16], o direito social à saúde.

13 CF/88. Art. 200. Ao sistema único de saúde compete, além de outras atribuições, nos termos da lei:
I - controlar e fiscalizar procedimentos, produtos e substâncias de interesse para a saúde e participar da produção de medicamentos, equipamentos, imunobiológicos, hemoderivados e outros insumos;
II - executar as ações de vigilância sanitária e epidemiológica, bem como as de saúde do trabalhador;

14 Lei n. 8090/90. Art. 6º Estão incluídas ainda no campo de atuação do Sistema Único de Saúde (SUS):
I - a execução de ações:
a) de vigilância sanitária;
b) de vigilância epidemiológica; (...)

15 CF/88. Art. 1º A República Federativa do Brasil, formada pela união indissolúvel dos Estados e Municípios e do Distrito Federal, constitui-se em Estado Democrático de Direito e tem como fundamentos: (...)
III - a dignidade da pessoa humana;

16 CADC. Art. 26. Os Estados-Partes comprometem-se a adotar providências, tanto no âmbito interno como mediante cooperação internacional, especialmente econômica e técnica, a fim de conseguir progressivamente a plena efetividade dos direitos que decorrem das normas econômicas, sociais e sobre educação, ciência e cultura, constantes da Carta da Organização dos Estados Americanos, reformada pelo Protocolo de Buenos Aires, na medida dos recursos disponíveis, por via legislativa ou por outros meios apropriados.

É relevante ressaltar que os parágrafos 1 e 2 do art. 10[17] do Protocolo Adicional à Convenção sobre Direitos Humanos em Matéria de Direitos Econômicos, Sociais e Culturais de 1988 (Pacto de São Salvador) também reconhecem o direito universal à saúde, com compromisso dos Estados Partes, caso do Brasil, de zelar pela atenção à saúde primária, imunização contra as principais doenças infecciosas e prevenção e tratamento das doenças endêmicas, profissionais e de outra natureza, e especial cuidado com os grupos sociais mais vulneráveis. O Pacto de São Salvador também afirma, no art. 11,[18] o direito ao meio ambiente sadio.

A Convenção Americana sobre Direitos Humanos de 1969 entrevê um compromisso progressivo dos Estados Partes na efetividade dos direitos que decorrem das normas econômicas, sociais e sobre educação, ciência e cultura, con-

17 PACACDH/88. Art. 10.
1. Toda pessoa tem direito à saúde, compreendendo-se como saúde o gozo do mais alto nível de bem-estar físico, mental e social.
2. A fim de tomar efetivo o direito à saúde, os Estados-Partes comprometem-se a reconhecer a saúde como bem público e, especialmente, a adotar as seguintes medidas para garantir esse direito:
a) assistência primária a saúde, entendendo-se como tal à assistência médica essencial ao alcance de todas as pessoas e famílias da comunidade;
b) extensão dos benefícios dos serviços de saúde a todas as pessoas sujeitas à jurisdição do Estado;
c) total imunização contra as principais doenças infecciosas;
d) prevenção e tratamento das doenças endêmicas, profissionais e de outra natureza;
e) educação da população com referência à prevenção e ao tratamento dos problemas da saúde; e
f) satisfação das necessidades de saúde dos grupos de mais alto risco e que, por sua situação de pobreza, sejam mais vulneráveis.

18 PACADH/88. Art. 11.
1. Toda pessoa tem direito a viver em meio ambiente sadio e a dispor dos serviços públicos básicos.
2. Os Estados-Partes promoverão a proteção, preservação e melhoramento do meio ambiente.

stantes da Carta da Organização dos Estados Americanos (OEA). Apesar disso, sabe-se bem que tal progressividade tampouco significa postergação indefinida. É o que defende, por exemplo, o Instituto Interamericano de Direitos Humanos (IIDH)[19]:

> Embora tradicionalmente se considere que estas obrigações de progressiva realização "na medida dos recursos disponíveis" do Estado (para usar os termos do art. 26 da Convenção Americana dos Direitos Humanos) não são exigíveis de maneira imediata, os avanços tanto da Comissão Interamericana de Diretos Humanos, como do CDESC y do Relator Especial sobre este direito têm dado claros exemplos sobre sua mensuração

A ideia vigente no continente é que a satisfação do direito à saúde, mesmo em um contexto de desenvolvimento, por mais básico que seja, deve garantir acesso à atenção primária e cobertura progressiva à toda população, notadamente os grupos mais vulneráveis.[20] Isto porque, segundo bem explicitado no art. 13 da Carta Democrática Interamericana de 2001, são direitos inerentes ao desenvolvimento integral.[21]

19 IIDH. 2010, p. 22. (Tradução livre)

20 OEA, 2008, p. 47.

21 CDI/2001. Art. 13. A promoção e observância dos direitos econômicos, sociais e culturais são inerentes ao desenvolvimento integral, ao crescimento econômico com equidade e à consolidação da democracia dos Estados do Hemisfério.

Para Cançado Trindade[22], ex-presidente da Corte Interamericana de Direitos Humanos:

> Resulta inadmissível que em algumas partes do mundo certos direitos estejam ainda desatendidos como sucedia no passado. Por exemplo, a falta de atenção aos direitos econômicos, sociais e culturais é um triste reflexo de sociedades marcadas por flagrantes injustiças e diferenças sociais.[23]

O Brasil, por mais que não se autoafirme como um Estado Social[24], não nega sua responsabilidade com a garantia dos direitos sociais. Não fosse assim, a Constituição não os situaria dentre os direitos e garantias fundamentais do art. 6º, no Título II[25], conforme já explicado neste trabalho. Não é sem sentido que o Preâmbulo constitucional menciona que o Brasil é um "Estado Democrático, destinado a assegurar o exercício dos direitos sociais e individuais...".[26] Está em vigência, portanto, pelo prisma da ordem normativa constitucional, um sistema baseado na solidariedade coletiva do

22 *Apud* DEFENSORIA DEL PUEBLO, 2010, p. 31.

23 Tradução livre.

24 É um Estado Democrático de Direito segundo o art. 1º da Constituição da República.

25 CF/88. Idem.

26 CF/88. Preâmbulo. Nós, representantes do povo brasileiro, reunidos em Assembleia Nacional Constituinte para instituir um Estado Democrático, destinado a assegurar o exercício dos direitos sociais e individuais, a liberdade, a segurança, o bem-estar, o desenvolvimento, a igualdade e a justiça como valores supremos de uma sociedade fraterna, pluralista e sem preconceitos, fundada na harmonia social e comprometida, na ordem interna e internacional, com a solução pacífica das controvérsias, promulgamos, sob a proteção de Deus, a seguinte CONSTITUIÇÃO DA REPÚBLICA FEDERATIVA DO BRASIL.

qual o Estado brasileiro e a população não podem fugir. O princípio da solidariedade social, por sua vez, como matriz soberana, cobra ações e procedimentos, já que, segundo explica Cabo Martín:[27]

> ... tem uma função em sentido estrito, estrutural, pois seu objetivo é atuar sobre a estrutura (e funcionamento) do modo de produção capitalista. Porque esse princípio assim entendido tem como função atuar sobre as causas que fazem necessária a solidariedade como as que se originam no modo de produção capitalista.

Assim, não há como um Estado que se obriga ao cumprimento do direito social à saúde, como o faz o Brasil, negar tal garantia ao povo brasileiro[28]. Leciona o IIDH que[29]:

> Os DESC são direitos humanos que "nascem da dignidade humana e são, por fim, inerentes à pessoa humana". Apesar das diferenças que podem surgir ao caracterizar os direitos, os DESC são direitos humanos de igual natureza, igual hierarquia e, definitivamente, igual importância que os chamados direitos civis e políticos. Neste sentido, a Convenção Ame-

27 CABO MARTÍN. 2006, p. 82. (Tradução livre)

28 Mesmo considerando que sua efetivação plena consiste numa luta social incessante e intermitente, já que, consoante leciona Boaventura de Sousa Santos (SANTOS; CHAUÍ, 2013, p. 67): "... a versão neoliberal dos direitos humanos em vigor nos últimos trinta anos veio a repor a doutrina liberal com maior extremismo e com maior hostilidade em relação à promoção dos direitos sociais e econômicos por parte do Estado".

29 IIDH, 2008, p. 23. (Tradução livre)

ricana de Direitos Humanos (...) ressalta que "só pode ser realizado o ideal do ser humano livre, isento do temor e da miséria, se forem criadas condições que permitam a cada pessoa gozar dos seus direitos econômicos, sociais e culturais, bem como dos seus direitos civis e políticos".

Pedro Serrano *et al* afirmam que, para uma crise como a da Covid-19 que punha em risco uma série de preceitos constitucionais[30], especialmente os voltados à saúde, um dos remédios mais poderosos que se pode ter para conter o avanço pandêmico é a legalidade extraordinária[31]:

> Ela confere ao Estado o dever-poder de adotar as providências necessárias para estancar ou minorar os efeitos decorrentes da pandemia. Portanto, não se trata de uma prerrogativa facultada ao Poder Público fazer ou não uso dos referidos mecanismos, mas sim de um dever de implementar políticas públicas que assegurem a universalização dos direitos à saúde e, consideradas as repercussões e econômicas, distribuam renda.

Em resumo, é indubitável que o direito à saúde é direito fundamental de todo brasileiro, convertido em obrigação

30 Os autores (SERRANO *et al*. 2020, p. 159) listam o direito social à saúde (art. 6º; 23, inciso II; art. 24, inciso XII; art. 194; art. 196; art. 197; art. 198; art. 199 e art. 200), o direito fundamental à vida (art. 5º, caput; art. 227 e art. 230), o direito fundamental à igualdade (art. 5º, caput, e art. 196), salientando que a dignidade da pessoa humana é fundamento da República Federativa do Brasil (art. 1º, III) e que é objetivo fundamenta da República do Brasil construir uma sociedade justa e solidária (art.3º, I)

31 SERRANO *et al.* 2020, p. 159-160.

estatal, essencial e imperativa, em qualquer tempo e circunstância. E, mais ainda, quando da vigência de uma crise sanitária de envergadura da pandemia de Covid-19, que deixou a humanidade chocada e vulnerável.[32]

A redemocratização brasileira e a estabilidade do Estado constitucional colaboraram para que a história jurídico-política pátria superasse internamente, não com alguma divergência, celeumas doutrinárias, tão vivas fronteiras afora, sobre a maior ou menor efetividade dos direitos fundamentais de segunda dimensão (DESC), tal qual a saúde. No Brasil, é majoritária a ideia de que a saúde é entendida como obrigação indissociável do Estado e direito inalienável de cada pessoa, fazendo-se eco à justa compreensão de Carmona Cuenca, para quem "hoje parece certo existir um universo entre todas as forças políticas sobre a irrenunciabilidade das conquistas sociais alcançadas durante a vigência do Estado social".[33]

Por mais que tais palavras não valham em todas as nações, no Brasil a irrenunciabilidade ao direito à saúde se vê consagrada. Conquanto possa, aqui e ali, ter eficácia diminuída pela natureza dos comandos que carrega, o direito à saúde é identificado no país como capaz de cobrar máxima eficácia do Estado, vingadas as palavras do professor Herrera Flores: "os direitos humanos devem servir para aumentar

32 Na data de hoje, 15 de maio de 2022, a Covid-19 já acumula em todo mundo aproximadamente 520 milhões de casos confirmados, resultando em mais de 6 milhões de mortes. (WHO/OMS. Edition 92, 18 mai. 2022). No Brasil, 30.683.838 de casos, 664.967 óbitos. (G1, 15 mai. 2022)

33 CARMONA CUENCA. 2000, p. 87. (Tradução livre)

nossa 'potência' e nossa 'capacidade' de atuar no mundo."[34]. Nada mais correto[35].

É na esteira deste raciocínio que Abramovich e Courtis manifestam que "o gozo dos direitos econômicos, sociais e culturais requer sua justiciabilidade tanto como o dos direitos civis e políticos".[36] Ao trazerem a reflexão para a saúde, comentam: "como vimos, na OG n. 14 se estabelece, ademais, uma proibição absoluta de regressividade quando a medida afete a satisfação de níveis essenciais de direito à saúde."[37]

Sendo assim, em um país que se autoafirma democrático e fundado na dignidade humana como o Brasil, os direitos econômicos, sociais e culturais requerem tratamento eficacial isonômico aos direitos civis e políticos, isto é, de máxima e imediata aplicação, sendo-lhes, por qualquer razão, vedada a regressão no estágio prestacional. Não apenas por questões éticas de cunho humanístico, mas também por razões jurídico-legais.

Não impressiona, portanto, que, em 6 de fevereiro de 2020, antes mesmo da Organização Mundial da Saúde (OMS) declarar a existência da pandemia de Sars-Cov-2 (coronavírus) – o que somente ocorreria no dia 11, quando o surto já avançava por 114 países, com 118 mil contágios

34 HERRERA FLORES. 1991, p. 69. (Tradução livre).

35 Para o Instituto Interamericano de Direitos Humanos (2010, p. 18): "Se o modelo ideal de cumprimento dos direitos civis e políticos é o de um Estado permanente autorrefreado, o modelo ideal de realização dos DESC é o de uma sociedade permanentemente autoativada (e em sua representação ou sua falta, o de um Estado ativamente protetor)". (Tradução livre).

36 ABRAMOVICH; COURTIS. 2014, p. 95 (Tradução livre).

37 ABRAMOVICH; COURTIS. 2014, p. 94-95. (Tradução livre)

e 4.291 óbitos[38] –, o Brasil, por articulação da área médica do Executivo com o parlamento nacional, aprovou a Lei n. 13.979/20[39], dispondo sobre medidas a serem adotadas para enfrentamento da grave emergência de saúde. A lei sucedia portaria do Ministério da Saúde declarando Emergência em Saúde Pública de Importância Nacional (ESPIN),[40] decretada três dias antes.

> Naquele momento, a preocupação mais imediata era com a repatriação de brasileiros retidos em Wuhan, primeira cidade chinesa a sofrer os efeitos da doença e, à época, em *lockdown*. Contudo, o dispositivo legal, a exemplo do que pressupunha a portaria ministerial mencionada anteriormente, já dispunha sobre medidas de contenção preventiva, como isolamento, quarentena, determinação compulsória de exames médicos, laboratoriais, coleta de amostras clínicas, vacinação e medidas profiláticas, tratamentos médicos, uso obrigatório de máscaras, exumação, necropsias, cremação, manejo de cadáver, restrição excepcional e temporárias de entrada e saída do país, restrição excepcional e temporária de circulação interna

38 OPAS News, 11 mar. 2020.

39 Lei n. 13.979/20. Art. 1º Esta Lei dispõe sobre as medidas que poderão ser adotadas para enfrentamento da emergência de saúde pública de importância internacional decorrente do coronavírus responsável pelo surto de 2019.

40 Portaria n. 188/2020. O MINISTRO DE ESTADO DA SAÚDE, no uso das atribuições que lhe conferem os incisos I e II do parágrafo único do art. 87 da Constituição, e Considerando a Declaração de Emergência em Saúde Pública de Importância Internacional pela Organização Mundial da Saúde em 30 de janeiro de 2020; (...)
Art. 1º Declarar Emergência em Saúde Pública de Importância Nacional conforme Decreto nº 7.616, de 17 de novembro de 2011.

por rodovias, portos e aeroportos, locomoção interestadual e intermunicipal, etc.[41,42]

O que se viu doravante, porém, foi um absoluto contrassenso do governo do país com as deliberações normativas que ele próprio havia consentido, devido à atuação lesiva do presidente da República, Jair Messias Bolsonaro, refratária às posições científicas e fáticas observadas no mundo. Como se já não bastasse a pandemia ter surgido em um sistema socioeconômico que já perdeu seu ponto de equilíbrio, para parafrasear Pastora Filigrana, que também diz "uma ordem econômica-global que sofre uma profunda crise de legitimidade, em que cada vez mais pessoas ficam fora do acesso a uma vida digna"[43], o Brasil teve à frente da crise um antipresidente, uma crise à frente da crise. A pessoa errada, no momento errado, na liderança do país. A "tempestade perfeita", segundo Cesar Calejon[44].

O negacionismo da autoridade brasileira, ignorando a gravidade da situação, isentando-se de tomadas de decisões

---

41 Lei n. 13.979/20, art. 3º.

42 A redação originária da lei foi adimplida com alterações introduzidas posteriormente por atos normativos, interpretações judiciais, superveniência legal posteriores, por exemplo, a inclusão de novas medidas preventivas como o uso de máscaras, que foi acrescido pela Lei n. 14.019, de 2 de julho de 2020, vide art. 2º:
Art. 2º O caput do art. 3º da Lei nº 13.979, de 6 de fevereiro de 2020, passa a vigorar acrescido do seguinte inciso III-A :
"Art. 3º ....
III-A – uso obrigatório de máscaras de proteção individual;

43 PASTORA FILIGRANA. 2020, p. 99. Tradução livre.

44 CALEJON, 2021.

tempestivas e necessárias, e patrocinando manifestações absurdas, contribuiu ativamente com o boicote a medidas de proteção sanitárias e a demora do governo na preparação para a vacinação, resultando em uma tragédia sanitária sem precedentes.

A pandemia de Covid-19 no Brasil: confronto entre Poderes e confronto federativo

No dia em que a OMS declarou a existência da pandemia de Covid-19, 11 de março de 2020, o coronavírus já estava em 115 países, inclusive no Brasil. O país registrava 52 casos, sem nenhum óbito[45,46]. Naquele dia, questionado sobre o tema, o presidente brasileiro respondeu: "Eu não sou infectologista. O que eu ouvi até o momento [é que] outras gripes mataram mais do que essa".[47] O discurso ia na linha do pronunciamento oficial de rádio e televisão, de 6 de março, quando comentou não haver motivo para pânico[48]. Sucedia, também, à fala proferida a pastores evangélicos nos Estados Unidos, em 9 de março, quando apontaram que a questão do coronavírus vinha sendo superdimensionada, quiçá potencializada, por razões econômicas.[49]

As manifestações presidenciais descredenciavam a estratégia então assumida pelas autoridades oficiais de saúde nacionais que, por cobrança da sociedade civil, apavorada

45 Agência Brasil, 15 mar. 2020. A primeira morte por Covid-19 só seria registrada no dia seguinte, 12 de março.

46 Agência Brasil, 28 jun. 2020.

47 G1, 11 mar. 2020.

48 Planalto, 6 mar. 2020.

49 EM, 9 mai. 2020. (Vídeos)

com os números provindos da China, França, Itália e Espanha, sabia que seria questão de tempo a invasão do coronavírus no país[50]. O clamor popular levou à promulgação da Lei 13.979, de 6 de fevereiro de 2020, com providências necessárias à mitigação da crise sanitária. O pesadelo brasileiro, contudo, estava apenas começando.

No retorno de citada viagem aos Estados Unidos, passeio que setores da imprensa norte-americana especularia como arriscada ao adoecimento de Donald Trump por Covid-19, pois logo se saberia que um integrante da comitiva brasileira que participou dos encontros estava infectado[51],[52], Bolsonaro voltou mais ainda empenhado em sustentar sua verve negacionista, pondo abaixo toda precaução vicejada legalmente. Passou a alimentar uma rotina descabida e extemporânea de aglomerações públicas, muitas delas sem uso de máscaras, reverberando, sem qualquer pudor, contra as estratégias preventivas. Pior, estando ele mesmo sob fortes suspeitas de contaminação pelo coronavírus. No dia 13 de março, em depoimento que depois negaria, o filho do presidente, deputado Eduardo Bolsonaro, comentou à Fox News que o pai teria testado positivo para a doença.[53,54,55] Ao todo,

50 Em 6 de março de 2020, os números fatais iniciados na Ásia (China, 3045 mortes) já avançavam sobre a Europa (Itália, 148; França, 6, Espanha, 3, etc.) (WHO/OMS, 6 mar. 2020)

51 Washington Post, 12 mar. 2020.

52 Um senador norte-americano presente ao encontro com os brasileiros chegou a adotar autoquarentena preventiva. (New York Post, 13 mar. 2020).

53 The Intercept_, 16 mar. 2020.

54 Fox News, 13 mar. 2020

55 Nunca se soube, afinal, se de fato o presidente teve ou não a doença. Meses depois ele chegou a

23 integrantes da comitiva presidencial brasileira na viagem aos Estados Unidos adoeceram de Covid-19.[56]

Jair Bolsonaro jamais mostrou qualquer preocupação com a pandemia. Em março de 2020, o mundo iniciou o mês com 2.977 óbitos[57] e finalizou com 36.405[58,59]. No Brasil, o primeiro óbito aconteceu no dia 12. No último dia de março já eram 136 óbitos[60]. Os números fatais cresciam no país e o presidente não alterava sua postura indiferente. No dia 24 daquele mês, novamente comentou em cadeia de rádio e televisão:

> Algumas poucas autoridades estaduais e municipais devem abandonar o conceito de terra arrasada, a proibição de transportes, o fechamento de comércio e o confinamento em massa (...) Pelo meu histórico de atleta, caso fosse contaminado pelo vírus, não precisaria me preocupar. Nada sentiria ou seria, quando muito, acometido de uma gripezinha ou resfriadinho.[61]

No dia seguinte, acentuou a crítica à postura de gestores estaduais e municipais que agiam em consonância

---

apresentar um atesto médico de adoecimento, porém, as divergências de informações põem em xeque a afirmação. Da mesma forma não se sabe se o presidente chegou a se vacinar contra a Covid-19, pois ele concedeu cem anos de sigilo ao seu certificado de vacina. (G1, 13 abr. 2022)

56 Folha, 10 jun. 2020.

57 2.873 na China e 104 no resto do mundo. (WHO/OMS. *Situation report* – 41, 1 mar. 2020).

58 WHO/OMS. *Situation report* -71, 31 mar. 2020.

59 Com epicentro na Europa e tendência de inclinação para a América.

60 WHO/OMS. *Situation report* - 71, 31 mar. 2020.

61 Planalto, 24 mar. 2020.

com as medidas de prevenção recomendadas. Asseverou: "o que estão fazendo no Brasil, alguns poucos governadores e alguns poucos prefeitos, é um crime (...) Outros vírus mataram muito mais do que esse. Não teve essa comoção toda".[62]

Uma guerra insana seria deflagrada doravante contra todo e qualquer mandatário nacional que apostasse favoravelmente nas medidas preventivas adotadas mundo afora. A Secretaria Especial de Comunicação da Presidência chegou a divulgar nas redes sociais uma campanha publicitária chamada "O Brasil Não Pode Parar", incentivando a não adesão pública ao *lockdown*. As postagens foram deletadas posteriormente e tiveram autoria negada pela Secom devido às repercussões negativas.[63] Dias depois, após provocação de partidos políticos, o Supremo Tribunal Federal (STF) formalmente proibiria a campanha. Seria a primeira de várias decisões judiciais contra o governo federal a serem proferidas nos meses vindouros. Na ocasião, despachou o ministro Luís Roberto Barroso, relator do processo[64]:

> 19. Diante do exposto, recebo a ação da Rede Sustentabilidade. Defiro a cautelar para vedar a produção e circulação, por qualquer meio, de qualquer campanha que pregue que O Brasil Não Pode Parar ou que sugira que a população deve

62 G1, 26 mar. 2020 (Frases)

63 O Globo, 28 mar. 2020.

64 STF. Medida Cautelar em ADPF 668. Decisão liminar, 31 mar. 2020.

> retornar às suas atividades plenas, ou, ainda, que expresse que a pandemia constitui evento de diminuta gravidade para a saúde e a vida da população. (...)

A relevância dos embates entre Poderes ganhou capítulo à parte durante a pandemia no Brasil. Com a resistência do Executivo em tomar medidas necessárias de enfrentamento e de convívio à crise de saúde, Legislativo e Judiciário assumiram as rédeas do protagonismo. O confronto também repercutiria nos três níveis federativos, devido à oposição de governadores estaduais e prefeitos municipais à inação presidencial.

De um lado, parlamentares se esforçavam para aprovar medidas de abertura orçamentária visando a aquisição de insumos médicos necessários ao combate à Covid-19 e à proteção social de empresas e trabalhadores atingidos pela pandemia; de outro, o Judiciário se concentrava em garantir que o negacionismo não vencesse a disputa de narrativas e que autoridades executivas estaduais e municipais tivessem desembaraço de condições para a tomada de medidas locais de contingência.

A discussão sobre a implementação de um Auxílio Emergencial para os setores sociais mais vulneráveis à paralização das atividades econômicas (trabalhadores, autônomos, pequenos empresários, etc.), por exemplo, durou semanas. A área econômica do governo propunha R$ 200 (US$ 40,16) por um período de três meses. Os parlamentares aprovaram o triplo com possibilidade de prorrogação, havendo sido uma vitória das forças de oposição.[65]

Os embates na Justiça também foram duros. Em ensaio sobre a participação judicial na disputa pela efetivação dos direitos fundamentais, Ferrajoli[66] explica que "a jurisdição não é mais simples sujeição do juiz à lei, mas é também análise crítica de seu significado para controlar a legitimidade constitucional". No Brasil, foi patente a fundamentalidade do protagonismo judicial durante o curso da pandemia quando medidas de cunho executivo oriundas do negacionismo presidencial ameaçaram irromper contra garantias constitucionalmente consagradas. Segundo Ingo Sarlet[67]:

> Apenas levando em conta o número de processos relacionados à Covid-19 que foram submetidos ao crivo do STF, chegou-se, de acordo com os dados coletados nesta sexta-feira (15/1[68]) junto ao Painel de Ações Covid-19, do STF, ao montante — quase surreal (tratando-se apenas de um universo parcial e da competência de uma Corte Suprema) — de 6.911 processos e 8.095 decisões.

65 CALEJON, 2021. P. 205-206.

66 FERRAJOLI. 2021, p. 46.

67 SARLET. CONJUR, 2021.

68 15 de janeiro de 2021, ou seja, apenas no primeiro ano da pandemia.

Até 22 de maio de 2020, três meses de pandemia, 85 ações judiciais haviam sido propostas no STF questionando constitucionalidade. A Corte, em sua ampla maioria, frustrou os interesses negacionistas do presidente.[69] De 100 Ações Diretas de Inconstitucionalidade propostas, 66 foram originárias do Distrito Federal, porque tiveram-no como principal requerido.[70]

Em uma das decisões mais importantes, de 15 de abril de 2020[71], a Alta Corte decidiu pelo deferimento da liminar concedida pelo Ministro Marco Aurélio Mello, no dia 24 do mês anterior, no sentido da inconstitucionalidade da Medida Provisória n. 926, de 20 de março de 2020,[72] do presidente, esclarecendo que as autoridades executivas estaduais e municipais tinham competência concorrente ao executivo nacional para lançar mão

69 RSUFSCSAR, 2020, p. 393-394.

70 OLIVEIRA; MADEIRA. RBCP, 2021, p. 13.

71 STF. Pleno, 31. mar. 2020.

72 MP 926/2020. Art. 1º A Lei nº 13.979, de 6 de fevereiro de 2020, passa a vigorar com as seguintes alterações:
Art. 3º Para enfrentamento da emergência de saúde pública de importância internacional decorrente do coronavírus, as autoridades poderão adotar, no âmbito de suas competências, dentre outras, as seguintes medidas:
....
VI - restrição excepcional e temporária, conforme recomendação técnica e fundamentada da Agência Nacional de Vigilância Sanitária, por rodovias, portos ou aeroportos de:
a) entrada e saída do País; e
b) locomoção interestadual e intermunicipal;
....
§ 8º As medidas previstas neste artigo, quando adotadas, deverão resguardar o exercício e o funcionamento de serviços públicos e atividades essenciais.
§ 9º O Presidente da República disporá, mediante decreto, sobre os serviços públicos e atividades essenciais a que se referem o § 8º.

de ações de combate à pandemia, inclusive decisões de isolamento social e paralisação de atividades econômicas. O presidente queria concentrar tais competências em si para inviabilizar o fechamento das atividades. A liminar tornava explícita "no campo pedagógico e na dicção do Supremo, a competência concorrente". [73]

Em outra discussão, o STF também agiu prontamente para considerar constitucional o Decreto estadual de São Paulo n. 65.563/21[74], que vedava temporariamente a realização de cultos, missas e outras cerimônias religiosas para conter aglomerações e evitar a disseminação do coronavírus.[75] O governo federal, por sua vez, lutava pela abertura dos templos.[76]

Bolsonaro nunca conteve seu negacionismo. Em 16 de abril 2020, demitiu do cargo o ministro da saúde Henrique Mandetta[77], porque ele se impôs contra a teimosia presi-

73 STF. Idem, 24 mar. 2020.

74 ALESP. Assembleia Legislativa do Estado de São Paulo. Decreto SP nº 65.563, de 11 de março de 2021. Disponível em: https://www.al.sp.gov.br/repositorio/legislacao/decreto/2021/decreto-65563-11.03.2021.html. cesso em 18 mai. 2022.

75 ADPF 811 - SP. STF. Pleno, 8 abr. 2021.

76 Bolsonaro sempre veiculou sua imagem a um messianismo religioso, que punha no mesmo barco católicos conservadores, judeus extremistas, protestantes tradicionais e, sobretudo, evangélicos neopentecostais. Uma de suas frases prediletas tem sido "Brasil acima de tudo, Deus acima de todos". Para Boaventura de Sousa Santos, a ciência sofre a oposição do fundamentalismo religioso. "Em estreita ligação com governos de ultradireita, esse fundamentalismo tem assumido a forma de negacionismo, negando a validade do conhecimento científico em geral e, em particular, das recomendações que dele decorrem no atual combate à pandemia. Para citar apenas um exemplo, o Brasil é atualmente um caso paradigmático dessa combinação tóxica de reacionarismo religioso e político." (SANTOS, 2021, p. 200)

77 WHO/OMS. Situation Report – 87, 16 abr. 2020.

dencial de expandir o "tratamento precoce", coquetel de drogas composto por cloroquina, hidroxicloroquina, ivermectina. Tratavam-se de medicamentos que o presidente, na contramão da comunidade cientifica internacional, reputava eficaz para a cura da Covid-19 – o Brasil contava com 1.532 óbitos. Também por isso exonerou, em 14 de maio, menos de um mês após o caso citado anteriormente, o seu segundo ministro da saúde durante a pandemia, Nelson Teich – nesse momento, o número de óbitos já havia saltado para 12.400.[78]

A intransigência do presidente com o controle pandêmico era tal na área da saúde que, entre março e abril de 2020, o Congresso aprovou um pacote de medidas viabilizando o acesso desburocratizado do Executivo a recursos para combate à pandemia.[79] Em 22 de julho, quando o país contava com quase 300 mil casos registrados de Covid-19, superando os 7 mil óbitos[80], o Tribunal de Contas da União (TCU) revelou que o Ministério da Saúde mal havia executado 30% dos recursos liberados para o enfrentamento ao coronavírus.[81]

Em 15 de maio de 2020, Jair Bolsonaro pôs o general do Exército Eduardo Pazuello para responder interinamente pelo Ministério da Saúde, depois efetivando-o, mesmo não

78 WHO/OMS. *Situation Report* – 115, 14 mai. 2020.

79 Decreto Legislativo n. 6, de 30 de março de 2020, reconhecendo estado de calamidade pública, Lei 13.983 de 3 de abril de 2020, dispondo sobre a Lei orçamentária de 2020, etc.

80 297.030 casos e 7.387 óbitos, segundo dados de 20 de julho de 2020 (HWO/OMS, 2020).

81 TCU Secom, 2020. (Proc. TC 014.575/2020-5. Acórdão 1888/2020. Sessão de 22 jul. 2020.

se tratando de um profissional da saúde, tampouco alguém com conhecimento a respeito do Sistema Único de Saúde do país, segundo ele próprio admitiu[82]. A propósito, uma de suas primeiras ações na pasta saúde, em 20 de maio, foi lançar um protocolo formalizando a recomendação do uso do mencionado "tratamento precoce".[83] Pazuello ficou no cargo até 23 março de 2021, quando foi substituído por um quarto ministro – dessa vez, médico. Quando o general deixou a pasta, o Brasil era o epicentro da pandemia mundial, beirando os 300 mil óbitos.[84]

Em dezembro de 2020, quando o mundo já avançava em suas estratégias de vacinação, o Brasil sequer sabia a data certa de início da imunização de seus profissionais de saúde diretamente envolvidos no combate à Covid-19, quanto mais da população. Em 11 de janeiro de 2021, pressionado a dizer quando começaria a imunização, o ministro disse: "No dia D e na hora H".[85]

E foi assim: enquanto gestores estaduais e municipais buscavam estabelecer medidas restritivas de distanciamento social, organizavam equipes de saúde, montavam hospitais de campanha, arrendavam e adquiriam centros clínicos, levantavam salas de Unidades de Terapia Intensiva (UTI), compravam ventiladores respiratórios, tubos de oxigênio, isto

82 *CNN Brasil*,7 out. 2020.

83 *CNN Brasil*, 20 mai. 2020.

84 *CNN Brasil*, 23 mar. 2021.

85 Folha, 11 jan. 2021.

é, estruturavam uma estratégia mínima de enfrentamento à Covid-19, o presidente Jair Bolsonaro e seus subordinados na saúde não cediam.

Bolsonaro nunca quis vacinar a população. Sempre defendeu as hipóteses de uso de medicamentos ineficazes para o tratamento da doença e de "imunização de rebanho", isto é, da criação de anticorpos pelo contato direto com o vírus. Desde o início da pandemia no Brasil, o Instituto Butantan, do Estado de São Paulo, começou a desenvolver uma vacina própria, a CoronaVac, com insumos chineses. Em outubro de 2020, quando a vacina entrou em sua fase final de testes, Bolsonaro tuitou: "A VACINA CHINESA DE JOÃO DÓRIA (Governador de SP) (...) O povo brasileiro NÃO SERÁ COBAIA DE NINGUÉM (...) minha decisão é a de não adquirir a referida vacina".[86]

Nos dias doravante já se imaginava que um caos poderia se instalar no Brasil. No início de dezembro, o Conselho Nacional de Saúde alertou que o país poderia atravessar uma segunda onda pandêmica sem sequer haver superado a primeira[87]. Ao invés, porém, de antecipar-se à nova onda e preparar-se para a vacinação, o Ministério da Saúde insistiu no reforço da prescrição do "tratamento precoce". Em 11 de janeiro de 2021, lançou o aplicativo TrateCov, recomendando-o indistintamente à população[88]. A ferramenta acabou

86 Bolsonaro. *Twitter*, 21 out. 2020.

87 CNS, 9 dez 2020.

88 EM, 14 jan. 2021.

sendo alvo de questionamento judicial e retirada do ar pelo Ministério.[89, 90, 91]

Naquele princípio de janeiro os números de internação avançavam rapidamente. De norte a sul do país, o sistema de saúde ameaçava colapsar. Em Manaus, faltou oxigênio. Numa fração de dias, o Amazonas viu sua média diária de óbitos crescer 41%[92], faltar UTI e só haver algum alívio devido à doação de oxigênio pela Venezuela[93] e à disponibilização de leitos em outros estados brasileiros[94], os quais também estavam saturados. E o mais absurdo de tudo foi a denúncia do vice-governador do Amazonas, Carlos Almeida Filho, de que o governo federal sabia da escassez de oxigênio a tempo de munir esforços para evitá-la, mas não o fez, pois a ideia era mesmo provocar uma imunização de rebanho.[95]

O resultado do colapso que se seguiu é que uma variante brasileira do coronavírus foi gestado, a P1 (ou Gama), mundialmente classificada como "variante de preocupação" (VOC), mais letal e transmissível do que as anteriores conhecidas. Além dela, o Brasil ainda gestaria a P2 e a N9[96].

89 IG, 21 jan. 2021.

90 Posteriormente, à CPI da COVID-19, Eduardo Pazuello negaria que o sistema fora lançado. Alegaria que era apenas um protótipo indevidamente hackeado. (Agência Senado, 20 mai. 2021).

91 *CNN Brasil*, 20 mai. 2021. (Vídeo)

92 "Nos cinco dias antes da falta de oxigênio, o Amazonas havia registrado 500 mortes por covid-19, ou em média cem por dia. Entre os dias 14 e 18, entretanto, esse número saltou para 706 óbitos —média de 141 por dia". (UOL, 15 fev. 2021).

93 *CNN Internacional*, 20 jan. 2021

94 Correio Braziliense, 15 jan. 2021.

95 Folha, 5 mai 2021.

96 RESENDE et al. Virological.org, 11 mar. 2021; RESENDE et al. Virusis (MDPI), 2021.

Ao todo, cerca de 100 variantes do Sars-Cov-2 circularam em território nacional nos meses iniciais de 2021.[97] O Brasil virou um risco para o mundo. Em janeiro, 29.555 vidas foram perdidas no país. Em fevereiro, março e abril, seriam 30.438, 63.573 e 82.266, respectivamente.[98] Bolsonaro não se sensibilizava.

A vacinação no país só começou no dia 19 de janeiro, mas apenas para os profissionais da saúde que enfrentavam a pandemia na linha de frente e idosos de idade mais avançada. No ápice da crise, a única alternativa viável para salvar as vidas em geral era o *lockdown*, mas Jair Bolsonaro continuava inflexível. Diria em dois eventos: "Tem idiota que a gente vê nas redes sociais, na imprensa, [dizendo] 'vai comprar vacina'. Só se for na casa da tua mãe";[99] "Nós temos de enfrentar nossos problemas. Chega de frescura, de mimimi. Vão ficar chorando até quando? (...) Até quando vamos ficar dentro de casa? Até quando vai se fechar tudo? Ninguém aguenta mais isso".[100]

Em 5 de abril de 2021, o *The Guardian* estampou em seu editorial: "Jair Bolsonaro: um perigo para o Brasil e para o mundo"[101]. No dia 14, foi a vez do *The Washington Post*:

97 Segundo BASTOS *et al* a segunda onda no Brasil explodiu em um sistema de saúde já saturado, concorrentemente à "descoberta, expansão e dominância de Variantes de Interesse (VoI) e Variantes de Preocupação (VoC)". The Lancet, 14 jul. 2021.

98 *CNN Brasil*, 30 abr. 2021.

99 O Povo, 4 mar. 2021.

100 O Globo, 4 mar. 2021.

101 *The Guardian*, 5 abr. 2021.

"Líderes arriscam vidas minimizando o coronavírus. Bolsonaro é o pior".[102]

102 *The Washington Post*, 14 abr. 2021.

A CPI da Covid-19

Com o caos instaurado e o país convertido em cemitério a céu aberto, parlamento e judiciário mais uma vez tiveram que agir. Após determinação do STF[103], em 8 de abril, o Senado instalou, em 27 do mesmo mês, uma Comissão Parlamentar de Inquérito convocada para apurar a inércia do governo Bolsonaro na pandemia. A CPI funcionaria até outubro de 2021, o suficiente para concluir que por trás da negação do governo federal à crise de saúde estava uma grande rede de improbidade administrativa e corrupção.[104] O negacionismo não se tratava apenas de informação equivocada, mas de estratégia pensada por representantes do governo,[105] empresas e indústrias farmacêuticas,[106] planos de saúde,[107] para lucrar com a produção e a distribuição de remédios ineficazes,[108] a administração de vacinas adquiridas a preços superfaturados e lobbies, em cima da dor e do sofrimento da população.

Dentre os muitos méritos da CPI, um deles, sem dúvida, foi apressar o ritmo de imunização no país. Sob os holofotes

103 Decisão liminar, 8 abr. 2021.

104 SENADO. Relatório final aprovado, p. 337; 391-393; 889, etc.

105 A partir do presidente da República.

106 SENADO. Relatório final aprovado, p. 121-123

107 SENADO. Relatório final aprovado, p. 986.

108 SENADO. Relatório final aprovado, p. 304-305. 1075-1082.

diários da imprensa, e debaixo de forte cobrança social, não havia alternativa ao Executivo federal senão apressar a aquisição de vacinas e distribuí-las aos estados. Uma vez distribuídas, estados e municípios cuidavam rapidamente de aplicá-las na população. A rede de proteção do Sistema Único Brasileiro funcionou ágil e competentemente.

Por outro lado, a CPI também revelou muitos absurdos. Por exemplo, que no segundo semestre de 2020, meses antes da crise em Manaus, o governo federal deliberadamente deixou de contratar, em primeira mão, 70 milhões de imunizantes da Pfizer[109] e 60 milhões da CoronaVac.[110] A primeira, por integrar o consórcio Covax Facility articulado pela Organização Mundial da Saúde, acusado pela cúpula do governo brasileiro de agir em benefício dos chineses (supostamente interessados em propagar um "comunavírus" por razões geopolíticas e econômicas) e a segunda por também contar com insumos chineses, além de ser produzida pelo estado de São Paulo. Essa narrativa, alimentada pessoalmente pelo presidente da República[111], ditava a diretriz da política exterior brasileira. O ministro das Relações Exteriores do país, Ernesto Araújo, trabalhou contra a contratação de imunizantes com insumos chineses e a própria vacinação.

109 SENADO. Relatório final aprovado, p. 232.

110 SENADO. Relatório final aprovado, p. 238-239.

111 No dia 5 de maio, em evento oficial no Palácio do Planalto, Bolsonaro já havia especulado: "É um vírus novo, ninguém sabe se nasceu em laboratório ou nasceu porque um ser humano ingeriu um animal inadequado. Mas está aí. Os militares sabem o que é guerra química, bacteriológica e radiológica. Será que não estamos enfrentando uma nova guerra? Qual o país que mais cresceu seu PIB? Não vou dizer para vocês". AFP, 5 mai. 2022.

Segundo a CPI, "dificultou as relações com a China e procurou justificativas internacionais para não negociar com fabricantes de vacinas como Pfizer e Janssen."[112],[113] Os contratos com ambos os laboratórios foram assinados somente após o ápice de mortes em Manaus, em condições financeiramente mais desvantajosas.

A CPI também esclareceu que a tese de imunização de rebanho foi deliberadamente pensada.[114] Havia dentro do governo, vinculado ao próprio presidente da República, um "gabinete paralelo" ao Ministério da Saúde, integrado por médicos negacionistas, que ditava encaminhamentos em prol do boicote às medidas de distanciamento, ao uso de máscaras e à própria vacinação.[115] Havia, também, um "gabinete do ódio",[116] coordenado por um dos filhos do presidente, Carlos Bolsonaro, destinado a disseminar *fake news* e atacar Poderes, órgãos, instituições e pessoas que se contrapusessem às medidas negacionistas do pai. Os indígenas, com proteção constitucional incumbida à União, foram relegados à sorte durante a pandemia.[117]

Os trabalhos da CPI foram finalizados em 26 de outubro de 2020. Restaram aprovadas inúmeras proposições legislati-

112 SENADO. Relatório final aprovado, p. 255-256.

113 SENADO. Relatório final aprovado, p. 1045-1046.

114 SENADO. Relatório final aprovado, p. 50-51.

115 SENADO. Relatório final aprovado, p. 34-37.

116 SENADO. Relatório final aprovado, p. 667 - 670; 735 - 741.

117 SENADO. Relatório final aprovado, p. 616.

vas, recomendações normativas[118] e a solicitação de indiciamento criminal de 2 empresas e 74 pessoas,[119] dentre deputados, empresários, jornalistas, médicos, servidores públicos, ministros e ex-ministros de Estado, sendo a primeira delas o presidente do Brasil[120], por cometimento de múltiplos crimes do Código Penal Brasileiro: art. 267, § 1º (epidemia com resultado morte); art. 268, caput (infração de medida sanitária preventiva); art. 283 (charlatanismo); art. 286 (incitação ao crime); art. 298 (falsificação de documento particular); art. 315 (emprego irregular de verbas públicas); art. 319 (prevaricação), todos do Código Penal. Além disso, crimes do art. 7º, parágrafo 1, b, h e k, e parágrafo 2, b e g (crimes contra a humanidade, nas modalidades extermínio, perseguição e outros atos desumanos), do Tratado de Roma (Decreto nº 4.388, de 2002). E, ainda, arts. 7º, item 9 (violação de direito social) e 9º, item 7 (incompatibilidade com dignidade, honra e decoro do cargo), crimes de responsabilidade previstos na Lei no 1.079, de 10 de abril de 1950.[121] Somadas, as penas nacionais excederiam a 30 anos de prisão, fora as implicações internacionais do Tribunal Penal Internacional, além do *impeachment* por cometimento de crime de responsabilidade.[122]

---

118 Às quais, apesar da importância, não há como se mencionar neste estudo devido à limitação textual requerida. Vide SENADO. Relatório final aprovado, p. 1140-1269.

119 Senado notícias, 26 out. 2021.

120 Além de três de seus filhos – senador Flávio Bolsonaro, deputado federal Eduardo Bolsonaro e vereador Carlos Bolsonaro –, todos por envolvimento em notícias falsas (incitação crime, art. 286 do CPB). SENADO. Relatório final aprovado, p. 1062; 1116.

121 SENADO. Relatório final aprovado, p. 1112.

122 Importante ressaltar que inúmeras entidades da sociedade civil já apresentaram denúncias contra

Apesar da robustez do Relatório Final, os indiciamentos propostos pela CPI do Senado ainda não foram devidamente judicializados pela Procuradoria Geral da República. Segundo se sabe, seguem em fase inicial de apuração.[123] Coincidência ou não, o procurador-geral Augusto Aras, nomeado ao cargo pelo presidente, vem sendo criticado por sua omissão à frente de investigações relacionadas ao mandatário. Para alguns senadores que dirigiram a CPI, ele o blinda.[124]

Quando o Relatório Final da CPI foi aprovado, o processo de vacinação avançava no país, e, por fim, a onda interna de Covid-19 já estava descendendo, com tendência de estabilização. O Brasil acumulava 21.748.984 e 606.246 óbitos,[125] mal imaginando que atravessaria nova onda, no início de 2022, devido à chegada da variante ômicron (BA.2). Nas 10 primeiras semanas epidemiológicas do ano, entre 2 de janeiro e 10 de março, o país teve um novo salto de mais de 7.058.802 novos casos registrados e 35.840 mortes.[126]

No interstício analisado por este estudo, o período de vigência da Emergência em Saúde Pública de Importância Nacional (ESPIN), 665.627 mortes aconteceram e 30.791.220 de casos de adoecimentos foram registrados no

o Presidente da República no TPI, bem como mais de uma centena de pedidos de impeachment na Câmara dos Deputados, tanto pelos motivos havidos na pandemia, como por outras razões, uma delas, a Associação Brasileira de Juristas pela Democracia (ABJD), da qual o autor participa. Vide íntegra do documento in ABJD, 3 abr. 2021.

123 Folha, 26 abr. 2022.

124 Rádio Senado, 23 fev. 2022

125 UOL, 26 out. 2022.

126 CONASS, 18 mai. 2022.

país[127] – números que, aliás, não estão próximos de estagnar. Apesar de cerca de 86% da população já haver recebido pelo menos 1 dose de imunização e 78% estar totalmente imunizada, com registro de 44% com dose de reforço[128] – segundo o Ministério da Saúde, 476 milhões de doses de imunizantes já foram aplicadas no país –,[129] a Covid-19 ainda persegue brasileiras e brasileiros. Não houve, afinal, uma estratégia de vacinação iniciada no tempo certo. Relevante esclarecer que, apesar da CPI, o presidente continua refratário à vacinação. Além de impor, segundo já mencionado, 100 anos de sigilo sobre seu próprio cartão de vacinas. Dia desses, quando se começou a falar a respeito da imunização infantil, disse que não vacinaria a filha de 11 anos[130]. A ideia era sempre a mesma: passar desconfiança à população e insistir no negacionismo científico.

127 CONASS, 22 mai. 2022.

128 MS, 19 mai. 2022.

129 *OUR WORLD IN DATA*, 19 mai. 2022.

130 *CNN Brasil*, 27 dez. 2021. (Vídeo)

Conclusão

O direito à saúde é uma garantia inalienável do povo brasileiro e cabe ao Estado fazer de tudo para promover sua efetivação. Essa obrigação, que deveria ser ampla e oponível em todos os níveis federativos durante a crise de Covid-19, falhou no âmbito do Executivo federal por culpa direta do presidente da República, Jair Messias Bolsonaro, que, acompanhado do alto *staff* da saúde de seu governo, minimizou a gravidade da pandemia e boicotou as iniciativas preventivas de estados e municípios, estimulando a prescrição de remédios ineficazes, promovendo aglomerações, negligenciando a necessidade de uso de máscaras, desencorajando a vacinação.

O Estado brasileiro é culpado por não ter conseguido unidade de procedimento no enfrentamento à Covid-19. Culpado por não ter vencido as divergências negacionistas internas e oferecido a melhor cobertura de apoio aos pacientes em sofrimento. Culpado por haver vacilado na aquisição imediata de vacinas e, por mais que tenha conseguido estabelecer uma estratégia de vacinação posterior bem-sucedida, tardou em iniciar a imunização, o que foi fatal para dezenas ou, quiçá, centenas de milhares de pessoas.

A culpa não é do Sistema Único de Saúde do país, cujos profissionais se mantiveram, em termos gerais, destemidos e dedicados ao combate à pandemia, zelosos com a população, mas de setores próximos à alta instância executiva federal, especialmente pela perseverança insana do presidente da República de remar na contramão da ciência, escancarando mundo afora sua ojeriza pelo ser humano.

A falta de empatia de Jair Messias Bolsonaro com o próximo não é só um defeito, mas uma marca de personalidade. Sua imagem simplória não consegue esconder a verve autoritária e a predisposição para desamar, plantar discórdias, descumprir regras, dar maus exemplos. Existe um barbarismo de alto grau em curso no Brasil,[131] sustentado por uma casta corrupta, incivilizada e antidemocrática, representativa do que há de mais grosseiro socialmente, alimentando e sendo alimentado por uma engrenagem organizada e criminosa de *fake news* – não por acaso, investigada pelo STF e denunciada na CPI do Senado.

Mais cedo ou mais tarde, chegará o dia do carrasco brasileiro prestar contas criminalmente. Punição nenhuma compensará a vida dos que tombaram pela Covid-19, tampouco dará tranquilidade aos que seguem lutando contra as sequelas da doença. Decerto também não aliviará a dor das famílias enlutadas. Porém, de alguma forma, além de realizar justiça, ajudará a aplacar, ainda que minimamente, a revolta dos que, em *lockdown*, não puderam violar exigências sanitá-

131 No dizer de Rubens Casara (2020, p. 71), um Brasil que "caminha para se tornar um país sem preocupações éticas".

rias para cobrar, diretamente das ruas, o cumprimento de seu direito à saúde, à vida, à dignidade humana.

Ao fim e ao cabo, que a tragédia passada no Brasil sirva para enfraquecer politicamente novos candidatos a déspotas dispostos a disputar futuros escrutínios eleitorais. E, se na hipótese remota de disputarem e vencê-los, que nunca mais ignorem suas responsabilidades com a promoção dos direitos humanos, econômicos, sociais e culturais, especialmente com à garantia da saúde, tão cara a todas as pessoas, sobretudo as mais vulneráveis.

PARTE 2
(O posfácio)

O presente trabalho, que foi apresentado à Universidad de Salamanca, teve estabelecido como marco temporal de análise o período de vigência da declaração da *Emergência em Saúde Pública de Importância Nacional (ESPIN) em decorrência da Infecção Humana pelo novo Coronavírus (2019-nCov)* definida pelo Ministério da Saúde, que vigorou entre *3 de fevereiro de 2020 e 22 de maio de 2022*, segundo determinado pelas portarias GM/MS n. 188, de 3 de fevereiro de 2020 e GM/MS n. 913, de 22 de abril de 2022.

Nesta última data, em termos oficiais, o país contava 665.627 óbitos acumulados por Covid-19, contabilizando 30.791.220 casos registrados de adoecimento. O Brasil havia sofrido 4 ondas virais, sendo exposto a 5 variantes do coronavírus (alfa, beta, gama, delta e ômicron).

Os números de vacinação avançavam e 78% da população já estava totalmente imunizada, 44% protegida com doses de reforço. Dados do Ministério da Saúde indicavam que 476 milhões de doses de imunizantes haviam sido aplicadas até então. Os números de adoecimentos e, consequentemente, de óbitos, caíam.

O fato, não obstante, é que, assim como as demais partes do mundo, o Brasil não estava livre da pandemia de

Covid-19. Com a flexibilização das regras sanitárias decorrentes do fim de ESPIN os índices de infecção voltaram a elevar-se no país. Em 6 de julho de 2022, pouco antes da apresentação deste trabalho em Salamanca, os números chegaram ao pico de 68.675 registros de média móvel. Somente no dia 30 junho, 151.064 casos foram registrados[132].

Com a vacinação relativamente equilibrada[133], o número de adoecimentos já não mais saturava o sistema hospitalar. Mesmo assim, apenas no mês de julho de 2022 o Brasil contabilizou 7.112 óbitos por Covid-19, maior número desde março, quando mais de 10 mil vidas se perderam por força da variante ômicron (BA.2)[134].

Algo semelhante aconteceria no mês de dezembro. No dia 8, o Brasil registrou 135.525 novos casos[135]. No dia seguinte se saberia pelo consórcio de imprensa que 98 pessoas haviam ido a óbito em 24hs.[136] No dia 14, a média móvel alcançou o pico de 50.746 adoecimentos.[137]

Na Noite de Natal, na passagem de 24 para 25 de dezembro de 2022, véspera de Natal, os números apontavam média móvel de 154 mortes, o patamar mais elevado desde agosto. Duzentos e oitenta e duas famílias dividiram o drama

132 Google Estatísticas *apud JHU CSSE COVID-19*, 24 dez. 2022.

133 Só não em níveis ideais devido a postergação do início da vacinação por má-fé do governo e pela resistência e/ou negligência social com a dose de reforço – reflexo do negacionismo científico pregado no país.

134 G1, 1 ago. 2022.

135 Google Estatísticas *apud JHU CSSE COVID-19*, 24 dez. 2022

136 G1, 9 dez 2022.

137 Google Estatísticas *apud JHU CSSE COVID-19*. 24 dez 2022.

de celebrar o nascimento de Cristo com a dor aziaga da perda de entes queridos naquelas 24hs.[138] Das 5 regiões do país, apenas o Nordeste apresentava estabilidade. Centro-Oeste e Sudeste apontavam altas de 81% e 85%, respectivamente. [139]

Segundo dados do consórcio de veículos de imprensa, apurados com base nas informações das secretarias estaduais de saúde, o derradeiro dia do ano apresentou 37 mortes em 24 horas (com registro de 27.356 novos casos), mas a média móvel de 151 óbitos nos 14 dias anteriores mantinha a tendência de alta de mais 16% comparativamente ao período que precedeu às festas de fim de ano. [140]

O ano de 2022 terminou com 693.941 vidas de brasileiras e brasileiros perdidas pela pandemia, 36.354.255 de casos conhecidos. Uma tragédia!

Importante registrar, após observar esses dados alarmantes, a posição criminosa do Conselho Federal de Medicina (CFM). Nutrido pelo ódio corporativo desde a época dos governos petistas – em especial da ex-presidenta Dilma Rousseff, que, em junho de 2013, idealizou e eventualmente emplacou, com amplo sucesso no Brasil, o Programa Mais Médicos, voltado às camadas sociais brasileiras historicamente desatendidas pelos serviços de saúde, integrado por médicos brasileiros populares e médicos cubanos –, o CFM passou, paulatinamente, a adotar uma política insana

138 UOL, 24 dez. 2022.

139 UOL. 24 dez. 2022.

140 G1, 31 dez. 2022.

e agressiva de contestação pública às ações progressistas na área médica, a ponto de referendar, quase que irrestritamente, a postura de Jair Bolsonaro em suas argumentações negacionistas anticientíficas e seu intento de massificar o uso de medicamentos ineficazes e a estratégia de imunização de rebanho[141]. Não por acaso, algumas de suas lideranças e pessoas próximas aproximaram-se do Gabinete Paralelo[142], sendo alvo de requisição de indiciamento posterior solicitada pela CPI do Senado da Covid-19, segundo se verá ao final.

Apesar do rolo compressor corporativo, não foram poucas as entidades civis da área médica que denunciaram firmemente a postura criminosa do Conselho da categoria. São exemplos: a Associação Brasileira de Médicas e Médicos pela Democracia (ABMMD), o Coletivo Rebento: Médicas e médicos em defesa da Vida, da Ciência e do SUS, a Rede Nacional de Médicas e Médicos Populares (RNMMP).[143]

Ao lado delas, outras entidades de representação de trabalhadoras da área de saúde, como organizações representativas de enfermeiros, odontólogos, psicólogos, fisioterapeutas, nutricionistas, agentes de saúde, profissionais da área médica de nível médio, insurgiram-se contra o negacionismo científico. Sem falar na corajosa postura dos cientistas da Fundação Oswaldo Cruz, do Instituto Butantan, biólogos, infectologistas, epidemiologistas, cientistas de

141 *El País*, 15 out. 2021.

142 UOL, 8 jun. 2021.

143 Brasil de Fato, 29 set. 2021.

institutos e laboratórios ligados a universidades, além da importantíssima vigilância permanente do Conselho Nacional de Saúde (CNS), que denunciaram o caos brasileiro durante todos os meses de pandemia. Isso para não falar da oposição de entidades de representação de vítimas e familiares de vítimas da pandemia que foram sendo instituídas no decorrer do processo pandêmico, como a Associação de Vítimas e Familiares de Vítimas da Covid-19 (Avico – Brasil), a Associação Brasileira das Vítimas da Covid-19 (Abravico), a Associação Nacional em Apoio e Defesa dos Direitos das Vítimas da Covid-19 Vida e Justiça e Associação de Apoio à Orfandade de Crianças e Adolescentes pela Covid-19 (AOCA), dentre outras.

Enquanto isso, do outro lado do mundo, a situação volta a apavorar. Na China, Agências de Notícias dão conta de que 37 milhões de pessoas foram infectadas apenas no dia 23 de dezembro. Quase 20% da população, cerca de 248 milhões de chineses, adoeceram nos primeiros 20 dias do mês, desde que foi extinta a política de Covid zero, com uma consequente flexibilização de regras sanitárias em ambiente de baixa imunização de reforço entre os mais idosos. [144] Aponta-se que embora 89% da população estivesse vacinada (com uma ou duas doses) a dose de reforço não chegava 67%.[145]

144 G1, 23 dez. 2022.

145 Folha, 31 dez. 2022.

Atualmente, há um evidente novo risco mundial dada a tendência de surgimento de novas variantes, em geral, ainda mais transmissíveis que as anteriores.

Enquanto farmacêuticas anunciam novas vacinas e os primeiros medicamentos eficazes contra a doença timidamente prometem aparecer no mercado[146], o mundo assiste perplexo a força desta pandemia, que, até o dia de hoje, já matou 6.654.554[147] de pessoas, afetando uma massa abissal de 658.775.204 seres humanos em todo Planeta.[148]

O Brasil, que contava 665.627 óbitos e 30.791.220 de casos de infecção registrados na data do fim da ESPIN, viu seus números saltarem para 693.941 mortes e 36.354.255 registros de infecções, no último dia de 2022. [149]

A pandemia consome vidas e destroça famílias. Apenas para citar a dimensão da tragédia para crianças e adolescentes, basta dizer que, no último 21 de dezembro a FIOCRUZ noticiou estudo[150] conduzido em conjunto com pesquisadores da Universidade Federal de Minas Gerais (UFMG) atestando 40.830 crianças e adolescentes órfãos de mães em decorrência da Covid-19 entre 2020 e 2021.[151] No dia anterior, porém, a Articulação em Apoio à Orfandade de Crian-

146 No Brasil, o medicamento Lagevrio (molnupiravir). O Globo, 22 dez. 2022.

147 Dados de 30 de dezembro de 2022. *Worldwide*. Coronavírus (COVID-19). Google Notícias, 24 dez. 2022.

148 Dados de 31 de dezembro de 2022. *Worldwide*. Coronavírus (COVID-19). Google Notícias, 24 dez. 2022.

149 G1, 31 dez. 2022..

150 SZWARCWALD, Célia *et al. Archives of Public Health*, 19 dez. 2022.

151 FIOCRUZ., 21 dez. 2022.

ças e Adolescentes por Covid-19 (AOCA) estimou número possível de cerca de 225 mil situações de perdas maternas e/ou paternas, hecatombe que enceta problemas emocionais, psíquicos, econômicos e sociais a toda uma geração de crianças e adolescentes no país.[152]

Por sorte, a expectativa e a realidade mesma, agora, são outras. O negacionismo científico foi derrotado pelas eleições gerais de 2022 no país. Luiz Inácio da Silva foi novamente eleito presidente do Brasil e Jair Messias Bolsonaro ruma para as páginas de maior excrecência da história, não sem antes, espera-se, ser condenado por todos os crimes que cometeu em favor do pesadelo que assolou a nação nos últimos anos.

A nova Ministra da Saúde, Nísia Trindade, já expressou que tem como meta fortalecer o SUS e a vacinação.[153] Fundamental, porque não faz dois meses, em 25 de novembro, o ex-ministro da Saúde de Dilma Rousseff, Arthur Chioro, um dos coordenadores do Grupo Temático da Saúde da Transição de governo, durante coletiva de imprensa sobre os estudos da equipe, fez um alerta contundente sobre a situação de descalabro do Programa Nacional de Imunizações, formulado em 1973. Disse ele:

> Até o ano de 2015, o Brasil mantinha cobertura vacinal para todas as vacinas inseridas no calendário nacional de imuni-

152 PINHEIRO, Ângela. Brasil de Fato, 20 dez. 2022.

153 Correio Braziliense, 23 dez. 2022.

zação superior a 95%, com exceção da vacina contra a febre amarela porque havia uma nova estratégia de expansão e aquela vinha progressivamente subindo, mas todas as demais vacinas estavam dentro da meta. Essas coberturas foram caindo de tal forma que hoje nós estamos numa situação de absoluta insegurança. Esse não é o diagnóstico apenas do Grupo de Transição, ele é o diagnóstico apontado pelos gestores municipais, pelos gestores estaduais, pelos especialistas. Não se trata agora de dizer: nós estamos em potencial risco. Ele é concreto.

Arthur Chioro ainda complementou:

> Todas as vacinas obrigatórias no calendário de vacinação para crianças com menos de 1 ano estão com cobertura inadequada. Todas, sem exceção. O Brasil perdeu a capacidade de fazer aquilo que a gente sempre fez numa construção de cinquenta anos de história. O PNI vai completar 50 anos no ano que vem. Ele é anterior inclusive ao SUS". De 2015 para cá, em pouquíssimos anos, o atual governo conseguiu praticamente destruir um esforço de quatro décadas e meia de construção de um programa que se transformou num modelo internacional. Este é o quadro.[154]

Em resumo, os desafios do Brasil adiante serão imensos e, em boa parte, devido à incompetência, à má vontade e à

154 PT Partido dos Trabalhadores, 25 nov. 2021. (vídeo)

negligência de um governo que, não por acaso, tem sido visto como *genocida* por milhares de brasileiras e brasileiros.

A este propósito, importa retomar aqui aspectos da CPI da Covid-19 do Senado Federal que não foram explorados no texto apresentado ao programa de pós-doutorado devido à exigência de exiguidade na extensão textual.

No que toca à responsabilidade civil, a CPI requereu ao Ministério Público Federal que, ciente dos fatos apresentados em seu relatório final, promova as investigações necessárias para condenar por dano moral coletivo à sociedade brasileira as seguintes pessoas e entidades que integraram o "gabinete paralelo": os Médicos pela Vida, Vitamedic Indústria Farmacêutica Ltda, Prevent Senior, Nise Hitomi Yamaguchi, Luciano Dias Azevedo, Carlos Wizard Martins, Osmar Gasparini Terra, Paolo Marinho de Andrade Zanotto e Ricardo José Magalhães Barros. [155]Pediu também o indiciamento das seguintes pessoas: [156]

1) JAIR MESSIAS BOLSONARO – Presidente da República - art. 267, § 1º (epidemia com resultado morte); art. 268, caput (infração de medida sanitária preventiva); art. 283 (charlatanismo); art. 286 (incitação ao crime); art. 298 (falsificação de documento particular); art. 315 (emprego irregular de verbas públicas); art. 319 (prevaricação), todos do Código

155 SENADO. Relatório final aprovado, p. 1110-1111.

156 SENADO. Relatório final aprovado, p. 1112-1123.

Penal; art. 7º, parágrafo 1, b, h e k, e parágrafo 2, b e g (crimes contra a humanidade, nas modalidades extermínio, perseguição e outros atos desumanos), do Tratado de Roma (Decreto nº 4.388, de 2002); e arts. 7º, item 9 (violação de direito social) e 9º, item 7 (incompatibilidade com dignidade, honra e decoro do cargo), crimes de responsabilidade previstos na Lei no 1.079, de 10 de abril de 1950;[157]

2) EDUARDO PAZUELLO – Ex-Ministro da Saúde –art. 267, § 1º (epidemia com resultado morte); art. 315 (emprego irregular de verbas públicas); art. 319 (prevaricação) e art. 340 (comunicação falsa de crime), todos do Código Penal; art. 7º, parágrafo 1, b, h e k, e parágrafo 2, b e g (crimes contra a humanidade, nas modalidades extermínio, perseguição e outros atos desumanos), do Tratado de Roma (Decreto 4.388, de 2002);
3) MARCELO ANTÔNIO C. QUEIROGA LOPES – Ministro da Saúde - art. 267, § 1º (epidemia com resultado morte) e art. 319 (prevaricação), ambos do Código Penal;
4) ONYX DORNELLES LORENZONI – Ex-ministro da Cidadania e ministro-chefe da Secretaria Geral da Presidência da República - art. 286 (incitação ao crime) do Código Penal e art. 7º, parágrafo 1, b, h e k, e parágrafo 2, b e g (crimes contra a huma-

157 Já comentado no texto original, mas replicado aqui para efeitos de organização de raciocínio.

nidade, nas modalidades extermínio, perseguição e outros atos desumanos), do Tratado de Roma;

5) ERNESTO HENRIQUE FRAGA ARAÚJO - Ex-ministro das Relações Exteriores - art. 267, § 1º (epidemia com resultado morte) e art. 286 (incitação ao crime), combinado com art. 29; todos do Código Penal;
6) WAGNER DE CAMPOS ROSÁRIO – Ministro-chefe da Controladoria Geral da União - art. 319 (prevaricação) do Código Penal;
7) ANTÔNIO ELCIO FRANCO FILHO – Ex-secretário executivo do Ministério da Saúde - art. 267, § 1º (epidemia com resultado morte), do Código Penal; art. 10, VI e XII, e art. 11, I (improbidade administrativa), todos da Lei 8.429, de 2 de junho de 1992;
8) MAYRA ISABEL CORREIA PINHEIRO - Secretária de Gestão do Trabalho e da Educação na Saúde - SGTES - art. 267, § 1º (epidemia com resultado morte), e art. 319 (prevaricação), ambos do Código Penal; e art. 7º, k (crime contra a humanidade) do Tratado de Roma (Decreto 4.388, de 2002);
9) ROBERTO FERREIRA DIAS – Ex-diretor de logística do Ministério da Saúde - art. 317, caput, do Código Penal (corrupção passiva); art. 2º, caput (formação de organização criminosa) da Lei nº 12.850, de 2013; art. 10, XII e art. 11, I (improbi-

dade administrativa), todos da Lei 8.429, de 2 de junho de 1992;

10) CRISTIANO ALBERTO HOSSRI CARVALHO – Representante da Davati no Brasil - art. 333, caput, do Código Penal (corrupção ativa);

11) LUIZ PAULO DOMINGUETTI PEREIRA – Representante da Davati no Brasil - art. 333, caput, do Código Penal (corrupção ativa);

12) RAFAEL FRANCISCO CARMO ALVES – Intermediador nas tratativas da Davati - art. 333, caput, do Código Penal (corrupção ativa);

13) JOSÉ ODILON TORRES DA SILVEIRA JÚNIOR – Intermediador nas tratativas da Davati - art. 333, caput, do Código Penal (corrupção ativa);

14) MARCELO BLANCO DA COSTA – Ex-assessor do Departamento de Logística do Ministério da Saúde e intermediador nas tratativas da Davati - art. 333, caput, do Código Penal (corrupção ativa);

15) EMANUELA BATISTA DE SOUZA MEDRADES – Diretora-Executiva e responsável técnica farmacêutica da empresa Precisa - arts. 299, caput (falsidade ideológica), 304 (uso de documento falso) e 347 (fraude processual), todos do Código Penal; art. 2º, caput (formação de organização criminosa) da Lei nº 12.850, de 2013; e art. 10, VI e XII, e art. 11, I (improbidade administrativa), combinados com art. 3º, todos da Lei 8.429, de 2 de junho de 1992;

16) TÚLIO SILVEIRA – Consultor jurídico da empresa Precisa - arts. 299, caput (falsidade ideológica), 304 (uso de documento falso), ambos do Código Penal; art. 10, VI e XII, e art. 11, I (improbidade administrativa), combinados com art. 3º, todos da Lei 8.429, de 2 de junho de 1992;
17) AIRTON ANTONIO SOLIGO – Ex-assessor especial do Ministério da Saúde - art. 328, caput (usurpação de função pública);
18) FRANCISCO EMERSON MAXIMIANO – Sócio da empresa Precisa - arts. 299, caput (falsidade ideológica), 304 (uso de documento falso), 347 (fraude processual) e 337-L, inciso V (fraude em contrato), todos do Código Penal; art. 2º, caput (formação de organização criminosa) da Lei nº 12.850, de 2013; art. 10, VI e XII, e art. 11, I (improbidade administrativa), combinados com art. 3º, todos da Lei 8.429, de 2 de junho de 1992;
19) DANILO BERNDT TRENTO – Sócio da empresa Primarcial Holding e Participações Ltda e diretor de relações institucionais da Precisa - 337- L, inciso V (fraude em contrato) do Código Penal; art. 2º, caput (formação de organização criminosa) da Lei nº 12.850, de 2013; art. 10, XII, e art. 11, I (improbidade administrativa), combinados com art. 3º, todos da Lei 8.429, de 2 de junho de 1992;

20) MARCOS TOLENTINO DA SILVA – Advogado e sócio oculto da empresa FIB Bank - art. 337-L, inciso V (fraude em contrato), combinado com art. 29, ambos do Código Penal; art. 2º, caput (formação de organização criminosa) da Lei nº 12.850, de 2013; e art. 10, XII, e art. 11, I (improbidade administrativa), combinados com art. 3º, todos da Lei 8.429, de 2 de junho de 1992.
21) RICARDO JOSÉ MAGALHÃES BARROS – Deputado Federal - art. 286 (incitação ao crime) e art. 321 (advocacia administrativa), ambos do Código Penal; art. 2º, caput (formação de organização criminosa) da Lei nº 12.850, de 2013; e art. 10, XII (improbidade administrativa) da Lei 8.429, de 2 de junho de 1992;
22) FLÁVIO BOLSONARO – Senador da República - art. 286 (incitação ao crime) do Código Penal;
23) EDUARDO BOLSONARO – Deputado Federal - art. 286 (incitação ao crime) do Código Penal;
24) BIA KICIS – Deputada Federal - art. 286 (incitação ao crime) do Código Penal;
25) CARLA ZAMBELLI – Deputada Federal - art. 286 (incitação ao crime) do Código Penal;
26) CARLOS BOLSONARO – Vereador da cidade do Rio de Janeiro - art. 286 (incitação ao crime) do Código Penal;

27) OSMAR GASPARINI TERRA – Deputado Federal - art. 267, § 1º (epidemia com resultado morte), e art. 286 (incitação ao crime), ambos do Código Penal;
28) FÁBIO WAJNGARTEN – ex-chefe da Secretaria Especial de Comunicação Social (Secom) do governo federal - art. 319 (prevaricação) e art. 321 (advocacia administrativa), ambos do Código Penal;
29) NISE HITOMI YAMAGUCHI – Médica participante do gabinete paralelo - art. 267, § 1º (epidemia com resultado morte), do Código Penal;
30) ARTHUR WEINTRAUB - ex-assessor da Presidência da República e participante do gabinete paralelo - art. 267, § 1º (epidemia com resultado morte), do Código Penal;
31) CARLOS WIZARD MARTINS – Empresário e participante do gabinete paralelo - art. 267, § 1º (epidemia com resultado morte); e art. 286 (incitação ao crime), ambos do Código Penal;
32) PAOLO MARINHO DE ANDRADE ZANOTTO – biólogo e participante do gabinete paralelo - art. 267, § 1º (epidemia com resultado morte), do Código Penal;
33) ANTÔNIO JORDÃO DE OLIVEIRA NETO – médico e presidente da organização Médicos pela Vida - art. 267, § 1º (epidemia com resultado morte), do Código Penal;

34) LUCIANO DIAS AZEVEDO – Médico e participante do gabinete paralelo - art. 267, § 1º (epidemia com resultado morte) do Código Penal;
35) MAURO LUIZ DE BRITO RIBEIRO – Presidente do Conselho Federal de Medicina - art. 267, § 1º (epidemia com resultado morte) do Código Penal;
36) WALTER SOUZA BRAGA NETTO – Ministro da Defesa e Ex-Ministro Chefe da Casa Civil - art. 267, § 1º (epidemia com resultado morte) do Código Penal;
37) ALLAN LOPES DOS SANTOS – Blogueiro suspeito de disseminar fake news - art. 286 (incitação ao crime) do Código Penal;
38) PAULO DE OLIVEIRA ENEAS – Editor do site bolsonarista Crítica Nacional suspeito de disseminar fake news - art. 286 (incitação ao crime) do Código Penal;
39) LUCIANO HANG – Empresário suspeito de disseminar fake news - art. 286 (incitação ao crime) do Código Penal;
40) OTÁVIO OSCAR FAKHOURY – Empresário suspeito de disseminar fake news - art. 286 (incitação ao crime) do Código Penal;
41) BERNARDO KUSTER – Diretor do Jornal Brasil Sem medo, suspeito de disseminar fake news - art. 286 (incitação ao crime) do Código Penal;

42) OSWALDO EUSTÁQUIO – Blogueiro suspeito de disseminar fake news - art. 286 (incitação ao crime) do Código Penal;
43) RICHARDS POZZER – Artista gráfico suspeito de disseminar fake news - art. 286 (incitação ao crime) do Código Penal;
44) LEANDRO RUSCHEL – Jornalista suspeito de disseminar fake news - art. 286 (incitação ao crime) do Código Penal;
45) CARLOS JORDY– Deputado Federal - art. 286 (incitação ao crime) do Código Penal;
46) FILIPE G. MARTINS – Assessor Especial para Assuntos Internacionais do Presidente da República - art. 286 (incitação ao crime) do Código Penal;
47) TÉCIO ARNAUD TOMAZ – Assessor especial da Presidência da República - art. 286 (incitação ao crime) do Código Penal;
48) ROBERTO GOIDANICH – Ex-presidente da FUNAG - art. 286 (incitação ao crime) do Código Penal;
49) ROBERTO JEFFERSON – Político suspeito de disseminar fake News - art. 286 (incitação ao crime) do Código Penal;
50) HÉLCIO BRUNO DE ALMEIDA – presidente do Instituto Força Brasil - art. 286 (incitação ao crime) do Código Penal;
51) RAIMUNDO NONATO BRASIL – Sócio da empresa VTCLog - art. 333, caput (corrupção ativa)

do Código Penal; e art. art. 11, I (improbidade administrativa), combinado com art. 3º, todos da Lei 8.429, de 2 de junho de 1992;

52) ANDREIA DA SILVA LIMA – Diretora-executiva da empresa VTCLog - art. 333, caput (corrupção ativa) do Código Penal; e art. 11, I (improbidade administrativa), combinado com art. 3º, todos da Lei 8.429, de 2 de junho de 1992;

53) CARLOS ALBERTO DE SÁ – Sócio da empresa VTCLog - art. 333, caput (corrupção ativa) do Código Penal; e art. 11, I (improbidade administrativa), combinado com art. 3º, todos da Lei 8.429, de 2 de junho de 1992;

54) TERESA CRISTINA REIS DE SÁ – Sócio da empresa VTCLog - art. 333, caput (corrupção ativa) do Código Penal; e art. 11, I (improbidade administrativa), combinado com art. 3º, todos da Lei 8.429, de 2 de junho de 1992;

55) JOSÉ RICARDO SANTANA – Ex-secretário da Anvisa - art. 2º, caput (formação de organização criminosa) da Lei nº 12.850, de 2013;

56) MARCONNY NUNES RIBEIRO ALBERNAZ DE FARIA – Lobista - art. 2º, caput (formação de organização criminosa) da Lei nº 12.850, de 2013;

57) DANIELLA DE AGUIAR MOREIRA DA SILVA – Médica da Prevent Senior - art. 121, caput, combinado com os arts. 13, § 2º, alínea b, e 14, todos do Código Penal;

58) PEDRO BENEDITO BATISTA JÚNIOR – Diretor-executivo da Prevent Senior - arts. 132 (perigo para a vida ou saúde de outrem), 269 (omissão de notificação de doença) e 299, caput (falsidade ideológica), todos do Código Penal; e art. 7º, k (crime contra a humanidade) do Tratado de Roma (Decreto 4.388, de 2002);
59) PAOLA WERNECK – Médica da Prevent Senior - art. 132 (perigo para a vida ou saúde de outrem) do Código Penal;
60) CARLA GUERRA – Médica da Prevent Senior - art. 132 (perigo para a vida ou saúde de outrem) do Código Penal; e art. 7º, k (crime contra a humanidade) do Tratado de Roma (Decreto 4.388, de 2002);
61) RODRIGO ESPER – Médico da Prevent Senior - art. 132 (perigo para a vida ou saúde de outrem) do Código Penal; e art. 7º, k (crime contra a humanidade) do Tratado de Roma (Decreto 4.388, de 2002);
62) FERNANDO OIKAWA – Médico da Prevent Senior - art. 132 (perigo para a vida ou saúde de outrem) do Código Penal; e art. 7º, k (crime contra a humanidade) do Tratado de Roma (Decreto 4.388, de 2002);
63) DANIEL GARRIDO BAENA – Médico da Prevent Senior - art. 299, caput (falsidade ideológica) do Código Penal;

64) JOÃO PAULO F. BARROS – Médico da Prevent Senior - art. 299, caput (falsidade ideológica) do Código Penal;
65) FERNANDA DE OLIVEIRA IGARASHI – Médica da Prevent Senior - art. 299, caput (falsidade ideológica) do Código Penal;
66) FERNANDO PARRILLO - Dono da Prevent Senior - arts. 132 (perigo para a vida ou saúde de outrem), 269 (omissão de notificação de doença) e 299, caput (falsidade ideológica), todos do Código Penal; e art. 7º, k (crime contra a humanidade) do Tratado de Roma (Decreto 4.388, de 2002);
67) EDUARDO PARRILLO – Dono da Prevent Senior - arts. 132 (perigo para a vida ou saúde de outrem), 269 (omissão de notificação de doença) e 299, caput (falsidade ideológica), todos do Código Penal; e art. 7º, k (crime contra a humanidade) do Tratado de Roma (Decreto 4.388, de 2002);
68) FLÁVIO ADSUARA CADEGIANI – Médico que fez estudo com proxalutamida - art. 7º, k (crime contra a humanidade) do Tratado de Roma (Decreto 4.388, de 2002);
69) WILSON MIRANDA LIMA – Governador do Estado do Amazonas - art. 267, § 1º (epidemia com resultado morte) e art. 319 (prevaricação), ambos do Código Penal; art. 7º item 9; art. 9º item 1, 3, e 7; c/c 74 da Lei no 1.079, de 1950 (Crimes de Responsabilidade);

70) MARCELLUS JOSÉ BARROSO CAMPÊLO – Secretário Estadual de Saúde do Estado do Amazonas - art. 319 (prevaricação) do Código Penal;
71) HEITOR FREIRE DE ABREU – ex-subchefe de Articulação e Monitoramento da Casa Civil e ex-coordenador Centro de Coordenação das Operações do Comitê de Crise da Covid-19 - art. 267, § 1º (epidemia com resultado morte) do Código Penal;
72) MARCELO BENTO PIRES – Assessor do Ministério da Saúde - art. 321 (advocacia administrativa) do Código Penal;
73) ALEX LIAL MARINHO – ex-Coordenador de logística do Ministério Da Saúde - art. 321 (advocacia administrativa) do Código Penal;
74) THIAGO FERNANDES DA COSTA - Assessor técnico do Ministério da Saúde - art. 321 (advocacia administrativa) do Código Penal;
75) REGINA CÉLIA OLIVEIRA – Fiscal de Contrato no Ministério Da Saúde - art. 321 (advocacia administrativa) do Código Penal;
76) HÉLIO ANGOTTI NETTO – Secretário de Ciência, Tecnologia, Inovação e Insumos Estratégicos em Saúde, do Ministério da Saúde – art. 267, § 1º (epidemia com resultado morte) e art. 286 (incitação ao crime), ambos do Código Penal;
77) JOSÉ ALVES FILHO – Dono do grupo José Alves, do qual faz parte a Vitamedic - art. 267, § 1º (epide-

mia com resultado morte), combinado com art. 29, ambos do Código Penal;

78) AMILTON GOMES DE PAULA – Vulgo Reverendo Amilton, representante da Senah - art. 332, caput (tráfico de influência), do Código Penal;

79) PRECISA COMERCIALIZAÇÃO DE MEDICAMENTOS LTDA. – art. 5º, IV, d (ato lesivo à administração pública) da Lei 12.846, de 1º de agosto de 2013;

80) VTC OPERADORA LOGÍSTICA LTDA – VTCLog - art. 5º, IV, d (ato lesivo à administração pública) da Lei 12.846, de 1º de agosto de 2013.

Como encaminhamentos, a CPI requereu ao Procurador Geral da República, competente para atuar junto ao STF, à Polícia Federal e à Procuradoria do TPI que enviassem cópias do relatório, documentos e oitivas relacionadas aos fatos praticados pelo presidente Jair Messias Bolsonaro e o Ministro Onyx Dornelles Lorenzoni, para os fins competentes relacionados aos crimes apontados. Pediu, ainda, ao Procurador Geral da República que diligenciasse junto ao STF e à Polícia Federal contra Marcelo Antônio C. Queiroga Lopes; Walter Souza Braga Netto, Wagner de Campos Rosário; Osmar Gasparini Terra; Ricardo José Magalhães Barros; Flávio Bolsonaro; Eduardo Bolsonaro; Bia Kicis; Carla Zambelli e Carlos Jordy, para as devidas apurações legais. Solicitou o mesmo com relação ao governador do Amazonas, Wilson

Lima, porém junto ao Superior Tribunal de Justiça (STJ). Solicitou ao Ministério Público Federal que diligenciasse junto à primeira instância da Justiça Federal, à Polícia Federal e à procuradoria do TPI contra Eduardo Pazuello; Mayra Isabel Correia Pinheiro; Marcellus José Barroso Campêlo; Mauro Luiz de Brito Ribeiro; Pedro Benedito Batista Júnior; Carla Guerra; Rodrigo Esper; e Fernando Oikawa.[158]

Ao Ministério Público do Rio de Janeiro, competente para atuar na primeira instância, e à Polícia Civil, solicitou que agisse contra o vereador Carlos Bolsonaro. Aos Ministérios Públicos estaduais correspondentes, com atuação na primeira instância da Justiça Comum e junto às Polícias estaduais, requereu que diligenciassem contra Ernesto Henrique Fraga Araújo; Antônio Elcio Franco Filho; Roberto Ferreira Dias; Cristiano Alberto Hossri Carvalho; Luiz Paulo Dominguetti Pereira; Rafael Francisco Carmo Alves; José Odilon Torres da Silveira Júnior; Marcelo Blanco; Emanuela Batista de Souza Medrades; Túlio Silveira; Airton Antonio Soligo; Francisco Emerson Maximiano; Danilo Berndt Trento; Marcos Tolentino da Silva; Fábio Wajngarten; Nise Hitomi Yamaguchi; Arthur Weintraub; Carlos Wizard Martins; Paolo Marinho de Andrade Zanotto; Luciano Dias Azevedo; Allan Lopes dos Santos; Paulo de Oliveira Eneas; Roberto Goidanich; Luciano Hang; Otávio Oscar Fakhoury; José Ricardo Santana; Raimundo Nonato Brasil; Andreia da Silva Lima; Bernardo Kuster; Daniella de Aguiar Moreira

158 SENADO. Relatório final aprovado, p. 1123-1124.

da Silva; Paola Werneck; Daniel Garrido Baena; João Paulo F. Barros; Fernanda de Oliveira Igarashi; Roberto Jefferson; Oswaldo Eustáquio; Richards Pozzer; Leandro Ruschel; Filipe G. Martins; Técio Arnaud Tomaz; Carlos Alberto de Sá; Teresa Cristina Reis de Sá; Marconny Nunes Ribeiro Albernaz de Faria; Fernando Parrillo; Eduardo Parrillo; Flávio Adsuara Cadegiani; Marcellus José Barroso Campêlo; Heitor Freire de Abreu; Antônio Jordão de Oliveira Neto; Marcelo Bento Pires; Alex Lial Marinho; Regina Célia Silva Oliveira; Thiago Fernandes da Costa; Hélio Angotti Netto; Hélcio Bruno de Almeida; José Alves Filho; Amilton Gomes de Paula.[159]

A CPI da Covid-19 pediu também à Defensoria Pública da União que avaliasse as violações mencionadas no relatório e tomasse as providências cabíveis, em especial para atendimento e demandas de pessoas vulneráveis, e requereu à Advocacia-Geral do Senado que agisse para fazer cessar a continuidade delitiva do Presidente da República em relação à disseminação de notícias falsas.[160]

Sobre os atos de improbidade administrativa e corrupção praticadas por pessoas jurídicas determinou o encaminhamento de todos os documentos obtidos à Procuradoria da República do Distrito Federal para atuar na primeira instância, agindo contra as possíveis pessoas: Antônio Elcio Franco Filho; Roberto Ferreira Dias; Emanuela Batista De

159 SENADO. Relatório final aprovado, p. 1124-1126.

160 SENADO. Relatório final aprovado, p. 1126.

Souza Medrades; Túlio Silveira; Francisco Emerson Maximiano; Danilo Berndt Trento; Marcos Tolentino da Silva; Ricardo José Magalhães Barros; Flávio Bolsonaro; Raimundo Nonato Brasil; Carlos Alberto de Sá; Teresa Cristina Reis de Sá; Andreia da Silva Lima; Precisa Comercialização de Medicamentos Ltda; e VTC Operadora Logística Ltda – VTCLog. [161]

Sobre Nise Yamaguchi e Abraham Weintraub, cujos fatos denunciados cobram mais apurações, pediu ao Ministério Público Federal e à Polícia Federal que os investigassem. Já sobre a contratação da vacina Covaxin, determinou a remessa do relatório ao TCU para conhecimento. Também pediu providências do Ministério Público contra a VTCLog. [162]

Ao TCU solicitou análise sobre se os atos dos membros da Comissão Nacional de Incorporação de Tecnologias no SUS (Conitec) foram indevidamente influenciados por negacionistas. [163]

Ao Conselho Regional de Medicina de Pernambuco a CPI pediu que apurasse as supostas violações éticas cometidas pelo médico Antonio Jordão de Oliveira Neto, encaminhando também seu relatório final ao Conselho Federal de Medicina (CFM) para apurar a responsabilidade do Presidente e Conselheiro Relator Mauro Luiz de Brito Ribeiro, autor do Parecer nº 4/2020, que avalizou o uso da cloroquina

161 SENADO. Relatório final aprovado, p. 1126.

162 SENADO. Relatório final aprovado, p. 1127.

163 SENADO. Relatório final aprovado, p. 1130.

e da hidroxicloroquina, bem como apurar a responsabilidade dos médicos que participaram da publicação do "Manifesto pela Vida – Médicos do Tratamento Precoce Brasil" em favor do uso do tratamento precoce.[164]

A CPI pediu à Receita Federal que investigasse se as negociações relacionadas às empresas que possuem como sócios o deputado federal Ricardo Barros e o empresário Francisco Emerson Maximiano resultaram em corrupção e/ou lavagem de dinheiro.[165]

Finalmente, foi requerido que hospitais do Rio de Janeiro e planos de saúde como a Prevent Senior fossem submetidos a investigações mais rigorosas.[166]

Mas a atuação da CPI da Covid-19 não se esgotou com esses pedidos de investigações e indiciamentos. Ao contrário, inúmeras proposições legislativas e recomendações foram realizadas, demonstrando a importância dessa ação histórica do Senado Federal. São exemplos:

a) Projeto de Lei para alterar o Decreto-Lei nº 2.848, de 7 de dezembro de 1940 (Código Penal) e o Decreto-Lei nº 3.689, de 3 de outubro de 1941 (Código de Processo Penal), para criminalizar a criação e divulgação de notícias falsas (fake news), nota-

164 SENADO. Relatório final aprovado, p. 1131.

165 SENADO. Relatório final aprovado, p. 1132-1133.

166 SENADO. Relatório final aprovado, p. 1133-1135

damente em casos envolvendo a saúde pública. [167] PL 3813/21 em tramitação no Senado.

b) Projeto de lei para Altera as Leis nº 12.965, de 23 de abril de 2014, que estabelece princípios, garantias, direitos e deveres para o uso da Internet no Brasil e nº 9.613, de 3 de março de 1998, que dispõe sobre os crimes de "lavagem" ou ocultação de bens, direitos e valores; a prevenção da utilização do sistema financeiro para os ilícitos previstos nesta Lei; cria o Conselho de Controle de Atividades Financeiras – COAF, e dá outras providências, para coibir a criação e a disseminação de notícias falsas por meio da internet. [168] PL 3814/21 em tramitação no Senado.

c) Projeto de lei para alterar o Decreto-Lei nº 2.848, de 7 de dezembro de 1940 (Código Penal) para estabelecer qualificadoras nos crimes contra Administração Pública, quando praticados em situação de calamidade pública ou de emergência em saúde pública de importância nacional, e dá outras providências. [169] PL 3815/21 em tramitação no Senado.

d) Projeto de lei para definir o crime de extermínio.[170] PL 3816/21 em tramitação no Senado.

167 SENADO. Relatório final aprovado, p. 1145-1146.

168 SENADO. Relatório final aprovado, p. 1147-1150.

169 SENADO. Relatório final aprovado, p. 1156-1157.

170 SENADO. Relatório final aprovado, p. 1158-1159.

e) Projeto de lei que dispõe sobre o crime de genocídio, define os crimes contra a humanidade, os crimes de guerra e os crimes contra a administração da justiça do Tribunal Penal Internacional, institui normas processuais específicas, dispõe sobre a cooperação com o Tribunal Penal Internacional, e dá outras providências.[171] PL 3817 em tramitação no Senado.
f) Projeto de lei para alterar a Lei nº 1.074, de 24 de março de 1950, que cria a Ordem do Mérito Médico, a fim de ampliar a outras categorias profissionais de saúde a elegibilidade à homenagem[172]. PL 3818/21 já aprovado no Senado e encaminhado à Câmara.
g) Projeto de Lei para instituir o Dia Nacional em Homenagem às Vítimas da Covid-19.[173] PL 3819/21 já aprovado no Senado e encaminhado à Câmara.
h) Projeto de lei para institui o Livro dos Heróis e Heroínas da Pandemia de Covid-19.[174] PL 3820/21 já aprovado no Senado e encaminhado à Câmara.
i) Projeto de lei que institui pensão especial para crianças e adolescentes órfãos de vítimas da pandemia da covid-19.[175] PL 3821/21 em tramitação no Senado.

171 SENADO. Relatório final aprovado, p. 1160-1199.

172 SENADO. Relatório final aprovado, p. 1202.

173 SENADO. Relatório final aprovado, p. 1203.

174 SENADO. Relatório final aprovado, p. 1204.

175 SENADO. Relatório final aprovado, p. 1210-1212.

j) Projeto de lei que dispõe sobre a inclusão da covid-19 como doença grave que isenta os segurados do Regime Geral de Previdência Social – RPGS do cumprimento da carência para concessão dos benefícios de Auxílio-Doença e Aposentadoria por Invalidez.[176] PL 3822/21 em tramitação no Senado.
k) Projeto de lei que dispõe sobre a responsabilidade sanitária dos entes federados no Sistema Único de Saúde (SUS); altera a Lei nº 8.080, de 19 de setembro de 1990, que dispõe sobre as condições para a promoção, proteção e recuperação da saúde, a organização e o funcionamento dos serviços correspondentes e dá outras providências, para estabelecer que as ações e os serviços públicos de saúde serão gratuitos e embasados nas melhores evidências científicas disponíveis. [177] PL 3823/21 em tramitação no Senado.
l) Projeto de lei que estabelece mecanismos para coibir a interferência das Operadoras de Plano de Assistência à Saúde nos tratamentos oferecidos aos pacientes, nos casos de integração vertical em saúde suplementar, altera a Lei nº 9.656, de 3 de junho de 1998 e a Lei nº 12.842 de 12 de julho de 2013; e dá outras providências. [178] PL 3824/21 em tramitação no Senado.

176 SENADO. Relatório final aprovado, p. 1213.

177 SENADO. Relatório final aprovado, p. 1216-1231.

178 SENADO. Relatório final aprovado, p. 1232-1236.

m) Medidas visando a ampliação da participação feminina no Senado Federal, como Projeto de Resolução do Senado nº 36, de 2021, que altera o Regimento Interno do Senado Federal para assegurar a participação de pelo menos dois membros da Bancada Feminina nas Comissões Permanentes e Temporárias e o Projeto de Resolução do Senado nº 48, de 2021, que modifica os arts. 66-C e 163 do Regimento Interno do Senado Federal, para dispor sobre a prerrogativa da líder da bancada feminina de indicar proposição para integrar a Ordem do Dia. [179]
n) Proposta de Emenda à Constituição para inserir o art. 129-A na Constituição Federal, para submeter a decisão de arquivamento do inquérito policial, no caso de ação penal originária, inclusive perante o Supremo Tribunal Federal, à instância revisional do Ministério Público. [180]
o) Projeto de lei que acrescenta o art. 16-A e 43-A, e altera os arts. 19 e 44 da Lei nº 1.079, de 10 de abril de 1950, que define os crimes de responsabilidade e regula o respectivo processo de julgamento, para dispor sobre a obrigação de se analisar, no prazo indicado, a denúncia por crime de responsabilidade do Presidente e do Vice-Presidente da República, de Ministros de Estado, de Ministros do Supremo Tri-

179 SENADO. Relatório final aprovado, p. 1234.

180 SENADO. Relatório final aprovado, p. 1249-1250.

bunal Federal e do Procurador-Geral da República.[181] PL 3825/21 em tramitação no Senado.

p) Projeto de lei que altera o art. 6º-A da Lei nº 1.579, de 18 de março de 1952, para estabelecer prazos para a realização de diligências complementares ou para o oferecimento de denúncia, após o envio ao Ministério Público do relatório circunstanciado e suas conclusões pela Comissão Parlamentar de Inquérito.[182] PL 3826/21 em tramitação no Senado.

q) Projeto de lei que dispõe sobre a obrigatoriedade de os serviços de registros civis de pessoas naturais comunicarem às Juntas Comerciais e ao Departamento Nacional de Registro Empresarial e Integração os óbitos registrados, alterando a redação do parágrafo único do art. 80 da Lei nº 6.015, de 31 de dezembro de 1973 e dando outras providências, de forma a assegurar a autenticidade e segurança dos registros empresariais.[183] PL 3827/21 em tramitação no Senado.

r) Projeto de Lei Complementar para alterar a Lei nº 4.595, de 31 de dezembro de 1964, para estabelecer que todas as espécies de bancos deverão conter o vocábulo banco em língua portuguesa, sendo vedada a utilização de vocábulo em língua estrangeira com

181 SENADO. Relatório final aprovado, p. 1250-1251.

182 SENADO. Relatório final aprovado, p. 1252.

183 SENADO. Relatório final aprovado, p. 1254.

sentido igual ou semelhante para qualquer outro tipo de pessoa jurídica ou sociedade despersonalizada. [184]

s) Projeto de lei que altera a Lei nº 14.133, de 1º de abril de 2021, e a Lei nº 8.142 de 28 de dezembro de 1990, para estabelecer mecanismos de registro, controle e eficiência na aplicação de transferências federais, especialmente no âmbito da saúde. [185] PLC 181/21 em tramitação no Senado.
t) Recomendação referente às Organizações Sociais que atuam na área de Saúde relacionadas à transparência. [186]
u) Recomendações relativas ao Plano Nacional de Enfrentamento da Pandemia da covid-19 no que concerne à população quilombola e Plano de Operacionalização da Vacina, e recomendações voltadas à vacinação, o censo e a atenção a comunidades quilombolas. [187]

Finalizados os trabalhos da CPI da Covid-19 resta agora à sociedade cobrar das autoridades competentes e do parlamento, ambos parcialmente renovados em função das últimas eleições, o encaminhamento das investigações e indiciamentos requeridos, bem como a aprovação das medidas legislativas propostas e recomendações indicadas.

184 SENADO. Relatório final aprovado, p. 1255.

185 SENADO. Relatório final aprovado, p. 1256-1260.

186 SENADO. Relatório final aprovado, p. 1261.

187 SENADO. Relatório final aprovado, p. 1262-1269.

Quanto aos indiciamentos, a luta não será fácil. Como era de se esperar, segundo o apontado no texto principal, o núcleo dirigente da Procuradoria Geral da República, aliada de primeira hora do governo de Jair Bolsonaro, nunca mostrou interesse em tocar adiante as requisições que lhe incumbiam providenciar.

Em 22 de julho de 2022, a vice-procuradora-geral da República, Lindôra Maria Araújo, solicitou ao STF o arquivamento de 7 de 10 apurações preliminares solicitadas contra o presidente Jair Messias Bolsonaro, 5 das quais com requisição de indiciamento: Epidemia com resultado morte (art. 267 do Código Penal),[188] Infração de medida sanitária preventiva (art.268 do Código Penal), [189] Charlatanismo (art. 283, do Código Penal),[190] Emprego irregular de verbas públicas (art. 315 do Código Penal)[191] e Prevaricação (art. 353 do Código Penal)[192]. Os arquivamentos também foram solicitados para o Ministro da Saúde, Marcelo Queiroga, o Ministro da CGU, Wagner Rosário, o deputado Ricardo Barros, o ex-Ministro da Saúde, Eduardo Pazuello, o Ministro da Casa Civil, Braga Netto, os ex-secretários do Ministério da Saúde, Hélio Angotti Netto e Élcio Franco e o deputado Osmar Terra. Os Senadores da CPI contestaram a peça no

188 Poder 360, 25 jul. 2022. (Íntegra do documento)

189 Poder 360, 25 jul. 2022. (Íntegra do documento)

190 Poder 360, 25 jul. 2022. (Íntegra do documento)

191 Poder 360, 25 jul. 2022. (Íntegra do documento)

192 Poder 360, 25 jul. 2022. (Íntegra do documento)

STF [193] e a Alta Corte devolveu a manifestação à PGR para manifestação.[194] A disputa segue. Em 7 de novembro último, a mesma procuradora solicitou o arquivamento das investigações relativas à acusação de incitação ao crime (art. 286, do Código Penal) por desincentivo ao uso de máscaras e desestímulo às recomendações de medidas preventivas.[195] Dessa vez, o pedido de arquivamento beneficiou: Jair Messias Bolsonaro, Onyx Dornelles Lorenzoni, Flávio Nantes Bolsonaro, Ricardo José Magalhães Barros, Eduardo Nantes Bolsonaro, Osmar Gasparini Terra; Beatriz Kicis Torrents de Sordi, Carla Zambelli Salgado de Oliveira e Carlos Roberto Coelho de Mattos Júnior. A solicitação está em análise.

A atuação, no mínimo, duvidosa da PGR põe abaixo tudo o que se esperava dos resultados da CPI do Senado comentada, em palavras, pelo senador Randolfe Rodrigues, em abril de 2022: "A CPI não tem o direito de falhar, porque se ela falha acaba sendo um atestado de idoneidade do responsável pelo genocídio que estamos vivendo"[196],[197].

É sempre bom lembrar que, em meio aos meses mais angustiantes da pandemia, o Centro de Pesquisas e Estudos de Direitos Sanitários (CEPEDISA) da Faculdade de Saúde Pública (FSP) da Universidade de São Paulo (USP) e

193 Agência Senado, 26 jul. 2022.

194 *CNN Brasil*, 16 ago. 2022.

195 Poder 360, 7 nov. 2022. (Íntegra do documento)

196 TV Fórum, 17 abr. 2021.

197 Indignados com a atuação da vice-procuradora-geral senadores pediram ao STF abertura de investigação por prevaricação. (Brasil 247, 12 dez. 2022).

a Conectas Direitos Humanos, divulgaram impactante pesquisa[198] afirmando a existência de uma estratégia institucional consentida de propagação do coronavírus posta em curso pelo governo de Jair Bolsonaro.

Espera-se, portanto, que os novos ares da mudança política no país repercutam positivamente sobre o bom andamento das questões suscitadas. O perdão para tantos crimes e atrocidades cometidas, além de injusto, molesto à memória das vítimas e fator de sofrimento às famílias destas, teria o condão de encorajar agentes vindouros ao delito ante à tragédia. A justiça precisa ser feita.

Fortaleza, 1º de janeiro de 2023

198 Direitos na Pandemia – Mapeamento e Análise das Normas Jurídicas de Resposta à Covid-19 no Brasil Boletim n. 10 (CEPEDISA, 2021).

Referências bibliográficas

À CPI, Pazuello diz que uso do TrateCov foi suspenso após ser hackeado (Vídeo). CNN Brasil, 20 mai. 2021. Disponível em: https://www.cnnbrasil.com.br/politica/a-cpi-pazuello-diz-que-uso-do-tratecov-foi-suspenso-apos-ser-hackeado/. Acesso em 15 jun. 2022.

ABJD denuncia Bolsonaro por crime contra a humanidade no Tribunal Penal Internacional, 3 abr. 2020. Disponível em: http://www.abjd.org.br/2020/04/abjd-denuncia-bolsonaro-por-crime.html. Acesso em: 16 jun. 2021.

ABRAMOVICH, Victor; COURTS, Christian. Los derechos sociales como derechos exigibles. Prólogo de Luigi Ferrajoli. Primera edición. Primera reimpresión. Madrid: Trotta, 2014.

AÇÃO judicial derruba o aplicativo 'kit covid' de Bolsonaro e Pazuello. IG, 21 jan. 2021. Disponível em: https://saude.ig.com.br/2021-01-21/acao-judicial-derruba-o-aplicativo-kit-covid-de-bolsonaro-e-pazuello.html. Acesso em: 11 mai. 2022.

AM teve alta de 41% em mortes por covid após falta de oxigênio em hospitais. UOL, 15 fev. 2021. Disponível em: https://noticias.uol.com.br/saude/ultimas-noticias/redacao/2021/02/15/am-teve-alta-de-41-em-mortes-

-por-covid-apos-falta-de-oxigenio-em-hospitais.htm?-cmpid=copiaecola . Acesso em 11 jun. 2021.

ANVISA aprova venda de novo remédio para Covid-19 em farmácias. O Globo, 22 dez. 2022. Disponível em: https://oglobo.globo.com/saude/noticia/2022/12/anvisa-aprova-venda-de-novo-remedio-para-covid-19-em-farmacias.ghtml. Acesso em: 24 dez. 2022.

APÓS OMS declarar pandemia, Bolsonaro volta a falar sobre coronavírus: 'Outras gripes mataram mais do que essa'. G1, 11 mar. 2020. Disponível em: https://g1.globo.com/bemestar/coronavirus/noticia/2020/03/11/apos-oms-declarar-pandemia-bolsonaro-volta-a-falar-sobre-coronavirus-outras-gripes-mataram-mais-do-que-essa.ghtml. Acesso em: 23 mar. 2022.

AUGUSTO, Cristiane Brandão; DORNELLES, João Ricardo; SANTOS, Rogério Dultra dos; RAMOS FILHO, Wilson (Orgs). Novas Direitas e genocídio no Brasil. Pandemias e pandemônio. Vol. II. 2a. edição. São Paulo: Tirant Lo Blanch, 2021.

BASTOS, Leonardo S L et al. COVID-19 hospital admissions: Brazil's first and second waves compared. The Lancet, 14 jul. 2021. Disponível em: https://www.thelancet.com/journals/lanres/article/PIIS2213-2600(21)00287-3/fulltext. Acesso em 11 mai. 2022.

BOLSONARO. Jair M. Bolsonaro. *Twitter*, 21 out. 2020. Disponível em: https://twitter.com/jairbolsonaro/status/1318909799505985537. Acesso em: 11 mai. 2022.

BOLSONARO: 'Não é mais barato investir na cura do que na vacina?'. R7, 26 out. 2021. Disponível em: https://noticias.r7.com/brasil/bolsonaro-nao-e-mais-barato--investir-na-cura-do-que-na-vacina-26102020. Acesso em: 11 jun. 2021.

BOLSONARO: "Tem idiota que diz 'vai comprar vacina'. O Povo, 4 mar. 2021. Disponível em: Só se for na casa da tua mãe!", https://www.youtube.com/watch?v=8m-t7F6mLwBI. Acesso em 12 jun. 2021.

BOLSONARO sobre a pandemia: 'Chega de frescura, de mimimi'. O Globo, 4 mar. 2021. Disponível em: https://www.youtube.com/watch?v=ZpZg5A8U748. Acesso: 12 jun. 2021.

BOLSONARO sugere que China criou pandemia para lançar uma 'guerra química'. *AFP*, 5 mai. 2021. Disponível em: https://www.dailymotion.com/video/x813t7p. Acesso em: 14 jun. 2021.

BRASIL. Constituição Federal da República Federativa do Brasil de 1988. In Planalto. Disponível em: http://www.planalto.gov.br/ccivil_03/constituicao/constituicao.htm. Acesso em 7 mai. 2022.

________. Decreto n. 591, 6 jul. 992. Pacto Internacional sobre Direitos Econômicos, Sociais e Culturais. In Planalto. Disponível em: http://www.planalto.gov.br/ccivil_03/decreto/1990-1994/d0591.htm. Acesso em 7: mai. 2022.

________. Decreto n. 678, 6 nov. 1992. Convenção Americana sobre Direitos Humanos (Pacto de São José da

Costa Rica), de 22 nov. 1969. Planalto. Disponível em: http://www.planalto.gov.br/ccivil_03/decreto/d0678.htm. Acesso em: 7 mai. 2022.

________. Decreto n. 3.321, 30 dez. 1999. Protocolo Adicional à Convenção sobre Direitos Humanos em Matéria de Direitos Econômicos, Sociais e Culturais de 1988 (Protocolo de São Salvador). Planalto. Disponível em: http://www.planalto.gov.br/ccivil_03/decreto/d3321.htm. Acesso em: 7 mai. 2022.

________. Lei n. 8.080, 17 set. 1990. Planalto. Disponível em: http://www.planalto.gov.br/ccivil_03/leis/l8080.htm. Acesso em: 7 mai. 2022.

________. Lei n. 13.979, 6 fev. 2020. Planalto. Disponível em: http://www.planalto.gov.br/ccivil_03/_ato2019-2022/2020/lei/l13979.htm. Acesso em: 7 mai. 2022.

________. Lei n. 14.019, de 2 jul. 2020. Planalto. Disponível em: http://www.planalto.gov.br/ccivil_03/_ato2019-2022/2020/lei/L14019.htm#art2. Acesso em: 7 mai. 2022.

________. Medida Provisória n. 926, 20 mar. 2020. Planalto. Disponível em: https://www.in.gov.br/en/web/dou/-/medida-provisoria-n-926-de-20-de-marco-de-2020-249094248. Acesso em 16 mai. 2022.

________. Portaria GM/MS n. 188, 3 de fev. 2020. Disponível em: https://www.in.gov.br/en/web/dou/-/portaria-n-188-de-3-de-fevereiro-de-2020-241408388. Acesso em 13 mai. 2022.

________. Portaria GM/MS n. 913, 22 abr. 2022. Disponível em: https://www.in.gov.br/en/web/dou/-/portaria-gm/ms-n-913-de-22-de-abril-de-2022-394545491. Acesso em 13 mai. 2022.

BUTANTAN ofereceu 60 milhões de doses para dezembro, mas Bolsonaro recusou, diz Dimas Covas. *RBA*, 27 mai. 2021. Disponível em: https://www.redebrasilatual.com.br/politica/2021/05/butantan-60-milhoes-doses-bolsonaro-dimas-covas/. Acesso em 17 mai. 2022.

BRASIL registra 410 novas mortes por Covid; média móvel volta a ficar acima de 300. G1, 22 mar. 2022. Disponível em: https://g1.globo.com/saude/coronavirus/noticia/2022/03/22/brasil-registra-410-novas-mortes-por-covid-media-movel-volta-a-ficar-acima-de-300.ghtml. Acesso em: 13 mai. 2022.

BRASIL registra mais de 7 mil mortes por Covid em julho, apontam secretarias de Saúde. G1, 1 ago. 2022. Disponível em: https://g1.globo.com/saude/coronavirus/noticia/2022/08/01/brasil-registra-mais-de-7-mil-mortes-por-covid-em-julho-apontam-secretarias-de-saude.ghtml. Acesso em 24 dez. 2022.

Brasil registra mais 1.899 mortes por covid-19. DW, 22 mai. 2021. Disponível em: https://www.dw.com/pt-br/brasil-registra-mais-1899-mortes-por-covid-19/a-57633233. Acesso em: 22 mai. 2022.

BRASIL registra 47 mortes por Covid em 24h e mantém estabilidade na média de óbitos. G1, 15 mai. 2022. Disponível em: https://g1.globo.com/saude/coronavirus/noticia/2022/05/15/brasil-registra-47-mortes-por-covid-em-24h-e-mantem-estabilidade-na-media-de-obitos.ghtml. Acesso em: 15 mai. 2022.

BRASIL registra 37 novas mortes por Covid-19; média móvel indica tendência de alta. G1, 31 dez. 2022. Disponível em: https://g1.globo.com/google/amp/saude/coronavirus/noticia/2022/12/31/brasil-registra-37-novas-mortes-por-covid-19-media-movel-indica-tendencia-de-alta.ghtml. Acesso em: 31 dez. 2022.

Brasil registra 98 novas vítimas de Covid e média móvel de mortes mantém alta por 19 dias. G1, 9 dez 2022. Disponível em: https://g1.globo.com/saude/coronavirus/noticia/2022/12/09/brasil-registra-98-novas-vitimas-de-covid-e-media-movel-de-mortes-mantem-alta-por-19-dias.ghtml. Acesso em 24 dez. 2022.

BRASIL tem dia mais letal da pandemia da Covid-19: 3.251 mortes em 24 horas. CCN Brasil, 23 mar. 2021. Disponível em: https://www.cnnbrasil.com.br/saude/2021/03/23/covid-19-brasil-23-03-21. Acesso em: 11 jun. 2021.

BRAZIL President Bolsonaro's son claims father tested negative for coronavirus despite earlier reports. Fox News, 13 mar. 2020. Disponível em: https://www.foxnews.com/world/brazil-bolsonaro-coronavirus-test-negative-eduardo. Acesso em: 14. jun. 2022.

CABO MARTÍN, Carlos de. Teoría constitucional de la solidariedad. Barcelona: Marcial Pons, 2006.

CALEJON, Cesar. Tempestade perfeita: o Bolsonaro e a sindemia Covid-19 no Brasil. São Paulo: Contracorrente, 2021.

CARMONA CUENCA, Encarnación. El Estado Social de Derecho en La Constitución. Madrid: CES, 2000.

CASARA, Rubens. Bolsonaro: o mito e o sintoma. São Paulo: Contracorrente, 2020.

CEPEDISA. Direitos na Pandemia – Mapeamento e análises das normas jurídicas de resposta à Covid-19 no Brasil. Boletim n. 10, 20 jan. 2021. Publicações. Disponível em: https://cepedisa.fsp.usp.br/?page_id=162. Acesso em 12 jun. 2021.

CHAI, Cássius Guimarães *et al* (orgs). Critical Dialogues: Humans Rights, Democracy and Pandemic Perspectives. São Luiz, MA: Cultura, Direito & Sociedade (Research Group/DGP/CNPq?UFMA), ePub, 2022.

CHINA: Covid está infectando 37 milhões de pessoas por dia, diz site. G1, 23 dez. 2022. Disponível em: https://g1.globo.com/saude/coronavirus/noticia/2022/12/23/china-covid-esta-infectando-37-milhoes-de-pessoas-por-dia-diz-site.ghtml. Acesso em 24 dez, 2022.

COMO o Conselho Federal de Medicina silenciou diante do negacionismo de Bolsonaro e abraçou a cloroquina. El País, 15 out. 2021. Disponível em: https://brasil.elpais.com/brasil/2021-10-15/como-o-conselho-de-medicina-silenciou-diante-do-negacionismo-de-bolsonaro-e-abracou-a-cloroquina.html?outputType=amp . Acesso em: 24 dez. 2022.

CONASS. Conselho Nacional de Secretários de Saúde. Painel Covid-19. Disponível em: https://twitter.com/conassoficial/status/1528480824542248961?s=46&t=l-0nwCMHRtlawlBsYZFo_iw. Acesso em 22 mai. 2022.

_________. Conselho Nacional de Secretários de Saúde. Painel Covid-19. Disponível em: https://www.conass.org.br/painelconasscovid19/. Acesso em 18 mai. 2022.

_________. Conselho Nacional de Secretários de Saúde. Painel Covid-19. Disponível em: https://www.conass.org.br/painelconasscovid19/. Acesso em 22 mai. 2022.

COMO Eduardo confirmou à Fox News e depois mentiu sobre o resultado positivo do teste de coronavirus de seu pai. The Intercept_, 16 mar. 2020. Disponível em: https://theintercept.com/2020/03/16/como-eduardo-confirmou-e-depois-mentiu-sobre-o-resultado-positivo-do-teste-de-coronavirus-de-seu-pai/. Acesso em: 14 jun. 2022.

COVID: Brasil tem 409 mortes em 24 h; média fica abaixo de 400 pelo 15º dia. UOL, 26 out. 2021. Disponível em: https://noticias.uol.com.br/saude/ultimas-noticias/redacao/2021/10/26/covid-19-coronavirus-casos-mortes-26-de-outubro.htm?cmpid=copiaecola. Acesso em 18 mai. 2022.

COVID-19 hospital admissions: Brazil's first and second waves compared. The Lancet, 14 jul. 2021. Disponível em: https://www.thelancet.com/journals/lanres/article/PIIS2213-2600(21)00287-3/fulltext. Acesso em: 15 mai. 2022.

COVID-19: Média móvel de mortes fica em 154 e é a maior em 4 meses. UOL, 24 dez. 2022. Disponível em: https://noticias.uol.com.br/saude/ultimas-noticias/redacao/2022/12/23/covid-19-coronavirus-casos-mortes-23-de-dezembro.htm. Acesso em: 24 dez. 2022.

COVID-19 no Brasil volta a crescer indicando 2ª onda sem que primeira tenha terminado, conclui live do CNS. CNS, 9 dez 2020. Disponível em: http://conselho.saude.gov.br/ultimas-noticias-cns/1537-covid-19-no-brasil-volta-a-crescer-indicando-2-onda-sem-que-primeira-tenha-terminado-conclui-live-do-cns. Acesso em 16 jun 2022,

CNS. Conselho Nacional de Saúde. Apenas 30% dos valores alocados no Ministério da Saúde para combate à pandemia foram empenhados, diz Boletim do CNS. 27 de mai. 2020. Disponível em: https://conselho.saude.gov.br/ultimas-noticias-cns/1199-apenas-30-dos-valores-alocados-no-ministerio-da-saude-para-combate-a-pandemia-foram-empenhados-diz-boletim-do-cns. Acesso em: 15 mai. 2022.

CPI da Covid: Rosa Weber pede à PGR que trave arquivamento de investigação. CNN Brasil, 16 ago. 2022. Disponível em: https://www.cnnbrasil.com.br/politica/cpi-da-covid-rosa-weber-pede-a-pgr-que-trave-arquivamento-de-investigacao/. Acesso em 24 dez. 2022.

DEFENSORÍA DEL PUEBLO. Curso Básico de Derechos Humanos. Guía de facilitación. Segunda edición. Caracas: UBV, 2010.

DIREÇÃO da CPI da Pandemia acusa Aras de protelar investigações contra governo. Rádio Senado, 23 fev. 2022. Disponível em: https://www12.senado.leg.br/radio/1/noticia/2022/02/23/direcao-da-cpi-da-pandemia-acusa-aras-de-protelar-investigacoes-contra-governo. Acesso em: 18 mai. 2022.

'EM100 anos saberá', responde Bolsonaro sobre motivo de sigilo para 'assuntos polêmicos'. G1, 13 abr. 2022. Disponível em: https://g1.globo.com/politica/noticia/2022/04/13/em-100-anos-sabera-responde-bolsonaro-sobre-motivo-de-sigilo-para-assuntos-polemicos.ghtml. Acesso em 18 mai. 2022.

FALTA de oxigênio obriga a transferência de 235 pacientes de Manaus para outros estados. Correio Braziliense, 15 jan. 2021. Disponível em: https://www.correiobraziliense.com.br/brasil/2021/01/4900481-falta-de-oxigenio-obriga-a-transferencia-de-235-pacientes-de-manaus-para-outros-estados.html. Acesso em: 11 jun. 2021.

FERRAJOLI, Luigi. Por uma Teoria dos Direitos e dos Bens Fundamentais. Tradução de Alexandre Salim *et al.* 3ª tiragem. Porto Alegre: Livraria do Advogado, 2021. (Coleção Estado e Constituição, n. 11)

FILIGRANA, Pastora; FORSTER, Ricardo; TIRADO, Arantxa; NIKO. Desafío. El vírus no es el único peligro. Madrid: Akal, 2020. (Foca investigación, n. 182)

FIOCRUZ. Observa Infância: Brasil tem mais de 40 mil órfãos da Covid-19, 21 dez. 2022. Disponível em:

https://portal.fiocruz.br/noticia/observa-infancia-brasil-tem-mais-de-40-mil-orfaos-da-covid-19. Acesso em: 31 dez. 2022.

FUTURA ministra da Saúde tem como meta fortalecer o SUS e a vacinação. Correio Braziliense, 23 dez. 2022. Disponível em: https://www.correiobraziliense.com.br/politica/2022/12/5061040-futura-ministra-da-saude-tem-como-meta-fortalecer-o-sus-e-a-vacinacao.html. Acesso em: 24 dez. 2022.

GOOGLE Estatísticas apud JHU CSSE COVID-19. Disponível em: https://www.google.com/search?q=brasil+covid+hoje&oq=brasil+covi&aqs=chrome.1.0i131i433i512l2j0i512j0i433i512j0i512j0i10i512j0i512j69i57.5332j0j7&sourceid=chrome&ie=UTF-8. Acesso em: 24 dez. 2022.

GOVERNO muda protocolo e autoriza hidroxicloroquina para casos leves de Covid-19. CCN Brasil, 20 mai. 2020. Disponível em: https://www.cnnbrasil.com.br/saude/2020/05/20/governo-muda-protocolo-e-autoriza-hidroxicloroquina-para-casos-leves-de-covid-19. Acesso em 11 jun. 2021.

HERRERA FLORES, Joaquín. La Reinvención de los Derechos Humanos. Sevilla: Atrapasuenos, 2008. (Colección Ensayando)

IBGE. Instituto Brasileiro de Geografia e Estimativas. Estatísticas. 2021 - Estimativas da População. Disponível em: https://ftp.ibge.gov.br/Estimativas_de_Populacao/

Estimativas_2021/estimativa_dou_2021.pdf. Acesso em: 7 mai. 2022.

IIDH. Instituto Interamericano de Derechos Humanos. Protección internacional de los derechos económicos, sociales y culturales: sistema universal y sistema interamericano. San José, C.R: IIDH, 2008.

________. La igualdad de los modernos. Reflexiones acerca de la realización de los derechos económicos, sociales y culturales en América Latina. Primera edición. Primera reimpresión. San José, C.R.: IIDH, 2010.

________. Manual autoinformativo sobre acceso a la justicia y derechos económicos sociales y culturales. San José, C.R.: IIDH, 2011.

LEADERS risk lives by minimizing the coronavirus. Bolsonaro is the worst. The Washington Post, 14 abr. 2021. Disponível em: https://www.washingtonpost.com/opinions/global-opinions/jair-bolsonaro-risks-lives-by-minimizing-the-coronavirus-pandemic/2020/04/13/6356a9be-7da6-11ea-9040-68981f488eed_story.html. Acesso em: 12 jun. 2021.

LINDSEY Graham to self-quarantine after Mar-a-Lago visit. New York Post, 13 mar. 2020. Disponível em: https://nypost.com/2020/03/12/lindsey-graham-to-self-quarantine-after-mar-a-lago-visit/. Acesso em 16 jun. 2022.

MARINS, Mani Tebet *et al*. Auxílio Emergencial em tempos de pandemia. Revista Sociedade e Estado, Rio de Janeiro, v. 36, n. 2, p. 669-692, mai-ago. 2021.

MÉDICOS cearenses pedem renúncia de toda a direção do CFM por endosso ao "tratamento precoce". Brasil de Fato, 29 set. 2021. Disponível em: https://www.brasildefato.com.br/2021/09/29/medicos-cearenses-pedem-renuncia-de-toda-a-direcao-do-cfm-por-endosso-ao-tratamento-precoce. Acesso em 24 de. 2021.

MÉDICOS do CFM participaram de reunião de "gabinete paralelo" com Bolsonaro. UOL, 8 jun 2021. Disponível em: https://noticias.uol.com.br/saude/ultimas-noticias/redacao/2021/06/08/cfm-gabinete-paralelo-bolsonaro-conselheiros.amp.htm. Acesso em: 24 dez. 2022.

MINHA filha não vai se vacinar contra a Covid-19, afirma Bolsonaro (Vídeo). CNN, 27 dez. 2021. Disponível em: https://www.cnnbrasil.com.br/politica/minha-filha-nao-vai-se-vacinar-contra-a-covid-19-afirma-bolsonaro/. Acesso em: 19 mai. 2022.

MINISTÉRIO DA SAÚDE. MS Plano Nacional de Operacionalização da Vacinação contra a Covid-19 - PNO. Disponível em: https://www.gov.br/saude/pt-br/coronavirus/vacinas/plano-nacional-de-operacionalizacao-da-vacina-contra-a-covid-19. Acesso em 19 mai. 2022.

MINISTÉRIO DA SAÚDE lança aplicativo que estimula remédios sem eficácia. Estado de Minas, 14 jan. 2021. Disponível em: https://www.em.com.br/app/noticia/nacional/2021/01/14/interna_nacional,1229011/ministerio-da-saude-lanca-aplicativo-que-estimula-remedios-sem-eficacia.shtml. Acesso em 11 jun. 2021.

MINHA filha não vai se vacinar contra a Covid-19, afirma Bolsonaro (Vídeo). CNN Brasil, 27 dez. 2021. Disponível em: https://www.cnnbrasil.com.br/politica/minha-filha-nao-vai-se-vacinar-contra-a-covid-19-afirma-bolsonaro/. Acesso em: 19 mai. 2022.

MP destina crédito extraordinário de R$ 4,489 bilhões para a Saúde. Câmara Notícias, 05 jun. 2020. Disponível em: https://www.camara.leg.br/noticias/667210-MP-DESTINA-CREDITO-EXTRAORDINARIO--DE-R$-4,489-BILHOES-PARA-A-SAUDE. Acesso em: 14 mai. 2022.

OEA. Carta Democrática Interamericana. Documentos. Disponível em: http://www.oas.org/OASpage/port/Documents/Democractic_Charter.htm. Acesso em: 12 mai. 2022.

________. Lineamientos para la elaboración de indicadores de progreso en materia de derechos económicos, sociales y culturales. Washington: OEA, 2008.

OLIVEIRA, Fabiana Luci de. Judicialização da política em tempos de pandemia. Revista de Sociologia da Universidade Federal de São Carlos (RSUFSCAR). Contemporânea, São Carlos, v. 10, n. 1, p. 389-398, jan.-abr. 2020.

OLIVEIRA; Vanessa Elias de; MADEIRA, Lígia Mori. Judicialização da política no enfrentamento à Covid-19. Revista Brasileira de Ciência Política (RBCP), Brasília, n. 35, Seção Especial: A Ciência Política frente à COVID-19, p. 1-44, 2021.

OMS afirma que COVID-19 é agora caracterizada como pandemia. OPAS News, 11 mar. 2020. Organização Pan-Americana da Saúde. Disponível em: https://www.paho.org/pt/news/11-3-2020-who-characterizes-covid-19-pandemic. Acesso em: 7 mai. 2022.

ONDA de Covid na China alerta Brasil e resto do mundo de que pandemia não acabou. Folha, 31 dez. 2022. Disponível em: https://www1.folha.uol.com.br/equilibrioesaude/2022/12/onda-de-covid-na-china-e-alerta-para-brasil-e-mundo-de-que-pandemia-nao-acabou.shtml. Acesso em 31 dez. 2022.

ORGANIZAÇÃO Mundial da Saúde declara pandemia de coronavírus. Agência Brasil, 11 mar. 2020. Disponível em: https://agenciabrasil.ebc.com.br/geral/noticia/2020-03/organizacao-mundial-da-saude-declara-pandemia-de-coronavirus. Acesso em 15 mai 2022.

ONU Brasil. Declaração Universal dos Direitos Humanos (íntegra em pdf). Disponível em: https://brasil.un.org/pt-br/91601-declaracao-universal-dos-direitos-humanos. Acesso em: 7 mai. 2022.

OUR WORLD IN DATA. Coronavirus (COVID-19) Vaccionations. BRAZIL. Disponível em: https://ourworldindata.org/covid-vaccinations?country=BRA. Acesso em 19 mai. 2022.

PAZUELLO diz que, antes de cargo no governo, não sabia o que era o SUS. CNN Brasil, 7 out. 2020. Disponível em: https://www.cnnbrasil.com.br/politica/2020/10/07/

pazuello-diz-que-antes-de-cargo-no-governo-nao-sabia-o-que-era-o-sus. Acesso em: 10 jun. 2021.

PAZUELLO diz que TrateCov era protótipo e foi hackeado; senadores contestam. Agência Senado, 20 mai. 2021. Disponível em: https://www12.senado.leg.br/noticias/audios/2021/05/pazuello-diz-que-tratecov-era-prototipo-e-foi-hackeado-senadores-contestam. Acesso em 10 jun. 2021

PINHEIRO, Ângela. Em defesa dos direitos de crianças e adolescentes em condição de orfandade. Brasil de Fato, 20 dez. 2022. Disponível em: https://www.brasildefatoce.com.br/2022/12/20/artigo-em-defesa-dos-direitos-de-criancas-e-adolescentes-em-condicao-de-orfandade. Acesso em: 24 dez. 2022.

POPPER, Karl. A sociedade aberta e seus inimigos. Tradução de Milton Amado. Belo Horizonte, Ed. Itatiaia; São Paulo: Editora da Universidade São Paulo: 1974 (Coleção Espírito do nosso tempo, 1-1A)

PRIMEIRA morte por covid-19 no Brasil aconteceu em 12 de março. Agência Brasil, 28 jun. 2020. Disponível em: https://agenciabrasil.ebc.com.br/saude/noticia/2020-06/primeira-morte-por-covid-19-no-brasil-aconteceu-em-12-de-marco. Acesso em 7 mai. 2022.

PRONUNCIAMENTO do presidente da República Jair Bolsonaro. Planalto, 6 mar. 2020. Disponível em: https://www.youtube.com/watch?v=fnJov5K1BSw. Acesso em: 7 mai. 2022.

________. Planalto, 24 mar. 2020. Disponível em: https://www.youtube.com/watch?v=Vl_DYb-XaAE. Acesso em: 7 mai. 2022.

PT – Partido dos Trabalhadores. Gabinete de transição do Governo Ao vivo, 25 nov. 2021, Disponível em: https://www.youtube.com/watch?v=ZyFla9YeoWQ. Acesso em 24 dez. 2022.PGR pede ao Senado arquivamento de apurações contra Bolsonaro". Íntegras dos documentos. Poder 360, 25 jul. 2022. Disponível em: https://www.poder360.com.br/justica/pgr-pede-ao-stf-arquivamento-de-apuracoes-contra-bolsonaro/. Acesso em 24 dez. 2022.

PGR pede arquivamento de apuração da CPI da Covid contra Bolsonaro". Íntegra do documento. Poder 360, 7 nov. 2022. Disponível em: https://www.poder360.com.br/justica/pgr-pede-arquivamento-de-apuracao-da-cpi-da-covid-contra-bolsonaro/. Acesso em 24 dez. 2022.

QUANDO será o fim da pandemia? Summit Saúde Brasil 2022, 1 mai. 2022. Congresso da Saúde. Summit Saúde Estadão. Disponível em: https://summitsaude.estadao.com.br/desafios-no-brasil/quando-sera-o-fim-da-pandemia/. Acesso em: 15 mai. 2022.

RESENDE, Paulo Cristina *et al*, 2021. A potential SARS-CoV-2 variant of interest (VOI) harboring mutation E484K in the Spike protein was identified within lineage B.1.1.33 circulating in Brazil. *Virological.org*, 11 mar. 2021. Disponível em: https://virological.org/t/a-

-potential-sars-cov2-variant-of-interest-voi-harboring-mutation-e484k-in-the-spike-protein-was-identified-within-lineage-b-1-1-33-circulating-in-brazil/645. Acesso em: 12 mai. 2022.

SANTOS, Boaventura de Sousa. O futuro começa agora. Da pandemia à utopia. São Paulo: Boitempo, 2021.

SANTOS, Boaventura de Sousa; CHAUÍ, Marilena. Direitos humanos, democracia e desenvolvimento. 1ª edição. 1ª reimpressão. São Paulo: Cortez, 2013.

SARLET, Ingo Wolfgang. O STF e os direitos fundamentais na crise da Covid-19 — uma retrospectiva (1). Conjur, 15 jan. 2021. Acesso em: https://www.conjur.com.br/2021-jan-15/direitos-fundamentais-stf-direitos-fundamentais-covid-19. Disponível em 14 mai. 2022.

SENADO. CPI da Pandemia. Menu. Atividades Legislativas. Comissões. CPIPANDEMIA. Relatório final aprovado, 26 out. 2021. Disponível em: https://legis.senado.leg.br/comissoes/comissao?codcol=2441. Acesso em. 22 mai. 2022.

SENADORES contestam arquivamento de investigações indicadas pela CPI da Pandemia. Agência Senado, 26 jul. 2022. Disponível em: https://www12.senado.leg.br/noticias/materias/2022/07/26/senadores-contestam-arquivamento-de-investigacoes-indicadas-pela-cpi-da-pandemia. Acesso em 24 dez. 2022.

SENADORES vão ao STF contra Lindôra Araújo após PGR pedir arquivamento de apurações da CPI da Covid.

Brasil 247, 12 dez. 2022. Disponível em: https://www.brasil247.com/cpicovid/senadores-vao-ao-stf-contra-lindora-araujo-apos-pgr-pedir-arquivamento-de-apuracoes-da-cpi-da-covid . Acesso em: 19 dez, 2022.

SERRANO, Pedro Estevam Alves Pinto *et al.* Legalidade extraordinária e Constituição. In WARDE, Walfrido; VALIM, Rafael (coords.) As consequências da Covid-19 no Direito Brasileiro. São Paulo: Contracorrente, 2020, p. 157-189.

SZWARCWALD, Célia *et al.* COVID-19 mortality in Brazil, 2020-21: consequences of the pandemic inadequate management. Archives of Public Health, 19 dez. 2022. Article 255 (2022). Disponível em: https://archpublichealth.biomedcentral.com/articles/10.1186/s13690-022-01012-z. Acesso em 31 dez. 2022.STF. ADPF 811 - SP. Pleno, 8 abr. 2021. Disponível em: https://portal.stf.jus.br/processos/detalhe.asp?incidente=6136541. Acesso em: 18 mai. 2022.

________. ADI n. 6341 - DF. Pleno, 31 mar 2020. Disponível em: https://portal.stf.jus.br/processos/detalhe.asp?incidente=5880765. Acesso em: 14 mai. 2022.

________. MS n. 37760 - DF. Decisão liminar, 8 abr. 2021. Rel. Min. Luís Roberto Barroso. Impetrantes: Alessandro Vieira e outros. Impetrado: Presidente do Senado Federal. DJE n. 71 de 14 abril 2021. Disponível em: http://portal.stf.jus.br/processos/downloadPeca.asp?id=15346155205&ext=.pdf. Acesso em: 12 mai. 2022.

________. Medida Cautelar na ADI n. 6341 - DF. Decisão liminar, 24 mar. 2020. Rel. Min. Marco Aurélio. Disponível em: https://portal.stf.jus.br/processos/downloadPeca.asp?id=15342747913&ext=.pdf. Acesso em: 14 mai. 2022.

________. Medida Cautelar na ADPF n. 668 - DF. Decisão liminar, 31 mar 2020. Rel. Min. Luís Roberto Barroso. Disponível em: https://portal.stf.jus.br/processos/detalhe.asp?incidente=5884084. Acesso em: 14 mai. 2022.

TCU avalia a governança do Ministério da Saúde no combate à pandemia. TCU Secom, 27 abr. 2020. Disponível em: https://portal.tcu.gov.br/imprensa/noticias/tcu-avalia-a-governanca-do-ministerio-da-saude-no-combate-a-pandemia.htm. Acesso em: 18 mai. 2022.

________. TC 014.575/2020-5. Acórdão 1888/2020 - Plenário. Sessão de 22 jul. 2020. Disponível em: https://pesquisa.apps.tcu.gov.br/#/documento/acordao-completo/*/NUMACORDAO%253A1888%2520ANOACORDAO%253A2020/DTRELEVANCIA%2520desc%252C%2520NUMACORDAOINT%2520desc/0/%2520. Acesso em 18 mai. 2022.

THE GUARDIAN view on Jair Bolsonaro: a danger to Brazil, and the world. The Guardian, 5 abr. 2021. Disponível em: https://www.theguardian.com/commentisfree/2021/apr/05/the-guardian-view-on-jair-bolsonaro-a-danger-to-brazil-and-the-world. Acesso em: 12 jun. 2021.

TRUMP had photo taken with infected Brazilian official but does not plan to get tested for coronavirus. Washington Post, 12 mar. 2020. Disponível em: https://www.washingtonpost.com/politics/trump-had-photo-taken-with-infected-brazilian-official-but-does-not-plan-to-get-tested-for-coronavirus/2020/03/12/50f268ac-647a-11ea-845d-e35b0234b136_story.html. Acesso em: 14 jun. 2022.

UCHÔA, Marcelo Ribeiro. Como se não bastasse a pandemia. In. AUGUSTO, Cristiane Brandão; DORNELLES, João Ricardo; SANTOS, Rogério Dultra dos; RAMOS FILHO, Wilson (Orgs). Novas Direitas e genocídio no Brasil. Pandemias e pandemônio. Vol. II. 2a. edição. São Paulo: Tirant Lo Blanch, 2021. P. 43-53.

VACINAÇÃO começa no dia D e na hora H em todo o Brasil, diz Pazuello, sem dar data e hora. Folha de São Paulo, 11 jan. 2021. Disponível em: https://www1.folha.uol.com.br/equilibrioesaude/2021/01/vacinas-chegarao-aos-estados-tres-ou-quatro-dias-apos-aval-da-anvisa-diz-pazuello.shtml. Acesso em: 11 jun. 2021.

VEJA frases de Bolsonaro durante o 1º mês de coronavírus no Brasil. G1, 26 de mar. 2020. Disponível em: https://g1.globo.com/politica/noticia/2020/03/26/frases-bolsonaro-coronavirus.ghtml. Acesso em: 14 mai. 2022.

VEJA quem são os 23 com coronavírus da comitiva de Bolsonaro que visitou os EUA. Folha de São Paulo, 10 jun. 2020. Disponível em: https://www1.folha.uol.com.

br/poder/2020/03/veja-quem-sao-os-23-infectados--da-comitiva-de-bolsonaro-em-visita-aos-eua.shtml. Acesso em 10 jun. 2021.

VÍDEO: as frases de Bolsonaro sobre a COVID-19 durante a pandemia. Estado de Minas, 9. mai. 2020. Disponível em: https://www.em.com.br/app/noticia/nacional/2020/05/09/interna_nacional,1145913/video--as-frases-de-bolsonaro-sobre-a-covid-19-durante-a--pandemia.shtml. Acesso em: 7 mai. 2022.

VENEZUELA confirma chegada de 5 caminhões de oxigênio do país a Manaus. CNN Internacional, 20 jan. 2021. Disponível em: https://www.cnnbrasil.com.br/internacional/2021/01/20/venezuela-confirma-chegada-de-5-caminhoes-de-oxigenio-do-pais-a-manaus. Acesso em: 11 jun. 2021.VICE do Amazonas diz que política de imunidade de rebanho apoiada por Bolsonaro levou Manaus ao colapso. Folha de São Paulo, 5 mai. 2021. Disponível em: https://www1.folha.uol.com.br/colunas/painel/2021/05/vice-do-amazonas-diz-que--politica-de-imunidade-de-rebanho-apoiada-por-bolsonaro-levou-manaus-ao-colapso.shtml. Acesso em: 11 jun. 2021.

WARDE, Walfrido; VALIM, Rafael (orgs). As consequências da Covid-19 no direito brasileiro. São Paulo: Contracorrente, 2020.

WHO/OMS. Health Organization/Organização Mundial de Saúde. Coronavirus disease 2019 (COVID-19).

Situation Report – 41, 1 mar. 2020. Disponível em: https://www.who.int/docs/default-source/coronaviruse/situation-reports/20200301-sitrep-41-covid-19.pdf?sfvrsn=6768306d_2. Acesso em: 15 mai. 2022.

________. Coronavirus disease 2019 (COVID-19). Situation Report – 46, 6 mar. 2020. Disponível em: https://www.who.int/publications/m/item/situation-report---46. Acesso em: 15 mai. 2022.

________. Coronavirus disease 2019 (COVID-19). Situation Report – 71, 31 mar. 2020. Disponível em: https://www.who.int/docs/default-source/coronaviruse/situation-reports/20200331-sitrep-71-covid-19.pdf?sfvrsn=4360e92b_8. Acesso em: 15 mai. 2022.

________. Coronavirus disease 2019 (COVID-19). Situation Report – 87, 16 abr. 2020. Disponível em: https://www.who.int/docs/default-source/coronaviruse/situation reports/20200416-sitrep-87-covid-19.pdf?sfvrsn=9523115a_2. Acesso em: 15 mai. 2022.

________. Coronavirus disease 2019 (COVID-19). WHO. Situation Report – 115, 14 mai. 2020. Disponível em: https://www.who.int/docs/default-source/coronaviruse/situation-reports/20200514-covid-19-sitrep-115.pdf?sfvrsn=3fce8d3c_6. Acesso em: 15 mai. 2022.

________. Data. WHO Coronavirus (COVID-19) Dashboard. Disponível em: https://covid19.who.int/. Acesso em: 22 mai. 2022.

________. World. Health Organization/Organização Mundial de Saúde. Data. WHO Coronavirus (COVID-19) Dashboard. Global. Brazil. Disponível em: https://covid19.who.int/region/amro/country/br. Acesso em: 22 mai. 2022.

________. Weekly epidemiological update on COVID-19 - 18 May 2022. Edition 92 (Download), 18 mai. 2022. Disponível em: https://www.who.int/publications/m/item/weekly-epidemiological-update-on-covid-19---

Papel pólen natural **80g/m²**
Tipologias **Caslon 12** e **Swiss 721 BT 15** e **19**
Impresso no **verão** de **2023**